日本考古学の百年

斎藤 忠

東京新聞出版局

日本考古学の百年

序

本書は、二〇〇〇年（平成十二）年五月二十九日から同年九月三十日まで、東京新聞及び中日新聞の夕刊に、百五回にわたって連載されたものをまとめたものである。私は、この執筆の依頼を受けたとき、定められた回数、しかも一回ごとの限られた字数と一回ごとの一枚の写真等の挿入という条件のもとに、豊潤かつ重厚な日本考古学百年史を平易な文章によって、いかにまとめることができるかに一抹の不安もいだき躊躇するところもあったが、かねてから学史研究をつづけてきた私自身にとっては、あらためて資料を整理しつつ回顧するのにもよい機会と思って引き受けたのであった。しかし、いよいよ執筆の段階に入ると、いかに要をつくしてわかりやすく回を進め、読者の方々に倦怠の念をいだかせないかに、私なりに苦心した。ことに出張等の機会も多く、夏には長期間にわたる中国旅行もあったこととて、これに先立って原稿をまとめることなどに多忙な日々を送った。その間、友人や未知の読者からの激励の言葉もあり、ようやく完了することができたのであった。

ここに執筆の機会をあたえられた編集局文化部長（当時）塩野栄氏と、読者の皆さんに感謝する次第である。そして、出版局長神谷紀一郎氏の好意により、新たに装幀の美しい一冊の本になったことに、喜びを覚えるものである。

さて、私は、この種の学史的な内容のものをまとめる場合、最も重要な事項は、考古学の本領ともいうべき発掘・発見であることはもとより、著書・論文等の文献の発表や学問の発達をみちびいた先覚の人びとの活躍、あるいは、学会の動向などと思っている。したがって百五回にわたる連載には、これらの諸般にわたる事項をいかに変遷をたどりながら織り込むかに配慮した。読者の皆さんに、この点を評価していただければ幸いである。

なお、私事になって恐縮であるが、一九〇八（明治四十一）年に生を享けた私は、この二十世紀を、ほかの多くの考古学研究者の中で、最もながく学界の諸般の事がらを体験した一人となった。この点、この百年の記述の中には、私自身が生き証人としての発言もある。もし、本書に、一つの特色をもとめるならば、この点にあるかもしれない。

あらためて新聞の連載を読まれた方々、あるいは新たにこの本を読まれた方々の忌憚のない御叱正御教示を賜りたい。

二〇〇一年五月一日　　斎藤　忠

付記、本書には新聞連載中の文に若干の字句の訂正を加え、坂詰秀一氏、佐原真氏、日隈威徳氏から指摘を受けた誤植等を改めた。写真にはページ数の都合のため割愛したものもある。なお、一部の記事については、そのまま収録したが、これについては「あとがき」をみられたい。

序　2

第一章　夜明けをまって（一九〇〇年以前）

第二章　黎明（一九〇一―一九一一年）

第三章　栄光のもとに（一九二二―一九二五年）

（表紙カバーの写真は、滋賀県野洲町で出土した日本最大の銅鐸《どうたく》を復元したものです。同町歴史民俗資料館蔵）

第一章　夜明けをまって（一九〇〇年以前）

一——「古物学」と「考古学」

新聞にのらぬ日はなし考古学

このような川柳が作られているくらい、ほとんど毎日の新聞のニュースとして、考古学関係の記事が掲載されている。そして、あるいは何万年前の旧石器時代の住居跡が発見されたとか、古墳の鏡の発見によって邪馬台国が大和であったことが明らかにされたとかの記事は、読者をして、はるかに遠い人びとの姿や生活をしのばせ、夢幻のようなロマンの世界にさそう。

このような遺跡や遺物の発見・発掘は、現代に始まったものではない。遠く天智天皇七（六六八）年には、近江国（滋賀県）から銅鐸《どうたく》が発見され、インドのアソカ王の宝鐸であろうと推察された。八八四（元慶八）年にも、出羽国（山形県）から大雨のあと石鏃《せきぞく》が発見されて、時の朝廷を驚かせた。近世になっても一六九二（元禄五）年、水戸黄門で有名な徳川光圀は、「助さん」の名で知られている佐々介三郎宗淳をして、下野国（栃木県）の上・下車塚古墳を発掘させた。

このころから石鏃などの出土品を愛する好古の人たちもあらわれた。近江国の木内石亭はそのリーダー的な人物であった。また好古家たちによって収集された資料は『集古図』などの名で刊行された。一方、京都の藤貞幹の『好古小録』『好古日録』も刊行され、その人たちは「好古の士」ともいわれた。しかし、まだ学問としての「考古学」は成立しなかった。「考古学」はヨーロッパでは「Archaeology」の名でよばれていた。その起源はギリシャ語にさかのぼるという。

直訳すれば「古物」の「学問」という意味である。

この「古物学」の名が日本ではじめて用いられたのは、一八七七（明治十）年であり、文部省でヨーロッパの学問を紹介するために、シリーズとして刊行した「百科全書」の一冊で『古物学』と題するものを加えた。この中には「往昔の遺蹟遺物にたより上古の沿革史記を明らかにする学問」というような意味で考古学が定義づけられたのであった。あたかも、この年アメリカのモースは、日本に来て、大森貝塚（東京都品川区。現在大田区山王、品川区大井にまたがり国の史跡に指定）を発掘し、当時の新聞もこれをとりあげ、多くの人びとに貝塚に対する知識と、これを学問の上から発掘し調査するという考古学の一つの方法のあることを知らせた。そして、日本人は、これらにより、学問としての考古学とそのあり方を学んだ。

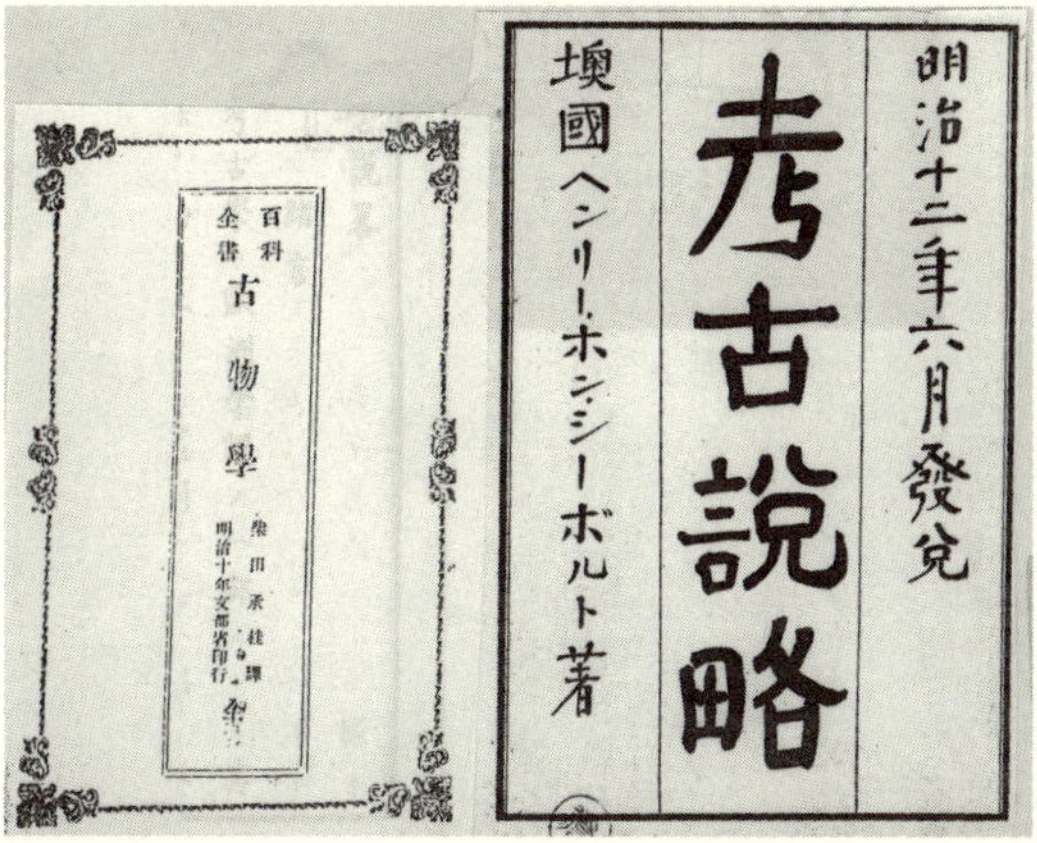

『考古説略』の扉（右）と『古物学』の表紙

それから二年経過したあと、ハインリヒ・フォン・シーボルトは『考古説略』という本を著した。そして、考古学は欧州学科の一部であり、「日本国ニ於テモ亦同ク他ノ諸国ノ如ク往昔器財ノ遺存スルモノアリ」と述べた。また、この年『日本考古学覚書』

という本を英文で著した。この本により、はじめて日本の考古学は海外に広く紹介された。この本は、石器や石製装飾品・土器・貝塚・洞穴・青銅器・埴輪・古墳等をとりあげ、写真を添えた日本考古学の概述書であった。ちなみにシーボルトは、のちすぐれた外交官としても成長した。

二――十九世紀末の古墳発掘

日本の考古学は、その後、各地の多くの考古学研究者に支えられながら、当時東京大学理科大学(現在の理学部)の人類学教室にいた、坪井正五郎や帝国博物館(第二章九参照)の三宅米吉らの努力によって順調な発達が続けられた。

坪井正五郎の名は、これからしばしばあらわれてくるが、文久三(一八六三)年正月五日に生まれた。幕府の医者であった坪井信良の子であった。モースが大森貝塚を発掘したときは、十七歳の少年であったが、この情報は氏の耳にも入っていたものと思われる。考古学を好み、やがて大学院に入って人類学の中の考古学を専攻した。

ちなみに明治十七(一八八四)年、東京市本郷向ケ岡貝塚で友人とともに完形の一土器を発見し、それがやがて弥生町の町名をとって弥生式土器と名づけられ、さらに日本の考古学上の時代区分の弥生時代のもとになった(第二章一七参照)。坪井はのち東京大学の教授となり、東京人類学会の会長となり、日本の考古学界の中心的な人物の一人となった。

十九世紀が終わりに近づいていた明治二十一（一八八八）年、坪井は東京市から頼まれて古墳の発掘を行った。芝公園にあった丸山という古墳である。この発掘には一つの政治的な背景があった。

昭和30年頃に残っていた丸山古墳（著者撮影）

それは、明治二十六（一八九三）年に、東京市会議員の井上揆らは、かつて坪井が現地調査して古墳として騒がれた丸山の前方後円墳はまだ発掘を経てないので、古墳かどうかも明らかでないとし、発掘してはっきりさせ本当に古墳ならば保存策を講ぜよという趣旨を市議会に陳情した。すなわち、次の文である。
「芝公園内丸山ハ其形状ヨリカンガフルモ、ハタ其土中ヨリ得タル埴輪及土偶等ノ断片ヨリ察スルモ、上古貴顕ノ墳墓ニ相違ナシトハ某理学士の説ナリト聞ク。市参事会ハヨロシク之ヲ審査シ、事実ハタシテ然リトセバ、スミヤカニ柵ヲ設テ衆庶ノ攀登《はんとう》を禁ジ、永遠ニ保護センコトヲ要ス」と。
この建議は可決された。そして東京府知事岡部長職は、正式に東京帝国大学に照会し、発掘によって古墳の性質を明らかにしてもらいたい旨を委託した。その結果、坪井は市参事会の要望や、東京府知事の依頼に答えるために、いよいよその本格的な調査にのりだすことになった。調査は、明治三十年十二月から翌三十一年四月にわたって行われた。そして、丸山の前方後円墳（瓢《ひょう》形大古墳）のほかに、十一基の小円墳のあることをたしかめたのである。

同三十一年三月三日からは問題の前方後円墳を調査した。もっとも、このころは、封土実測を作ることはしなかった。これらの古墳の発掘に関して明治三十一年四月には、史学会の例会の席上で「芝公園にて発見したる諸種の古物遺跡」と題して紹介したが、明治三十三年に『考古』誌上で「東京市芝公園古墳実査の結果」と題し三回にわたって連載した。『考古』は、現在の『考古学雑誌』の前身にあたる。

いまこれらの古墳は、増上寺境内やプリンスホテルの敷地となっている。

三——十九世紀末の文献

十九世紀の最後を飾り、しかも二十世紀に贈られた日本考古学に関する本にはどんなものがあったであろうか。我々は、いまこれらの本に目を通すとき、そのころの先覚の人びとが、いかに新興の考古学という学問を考え、真摯《しんし》に取り組んでいたかに敬服させられるものがある。そして、これらの中に二十世紀に入ってもなお価値は失われず、版を重ねていったものもある。たとえば、八木奘三郎の『日本考古学』も、それである。

著者の八木奘三郎（一八六六―一九四二年）は、東京大学の人類学教室で坪井正五郎のもとで考古学を研究していた篤学の人であった。しかも坪井が東大教授として、かつその名門の一家の人として輝かしい栄光のもとに社会に活躍していたのに対し、必ずしも恵まれた境遇の中にあった人ではなかった。しかし、その倦《う》まない努力は、この本をはじめ、二十世紀となっても多くの本を著し、古典的な名著となって現在に残されているものもあり、学史上に光彩を放った人物となった。

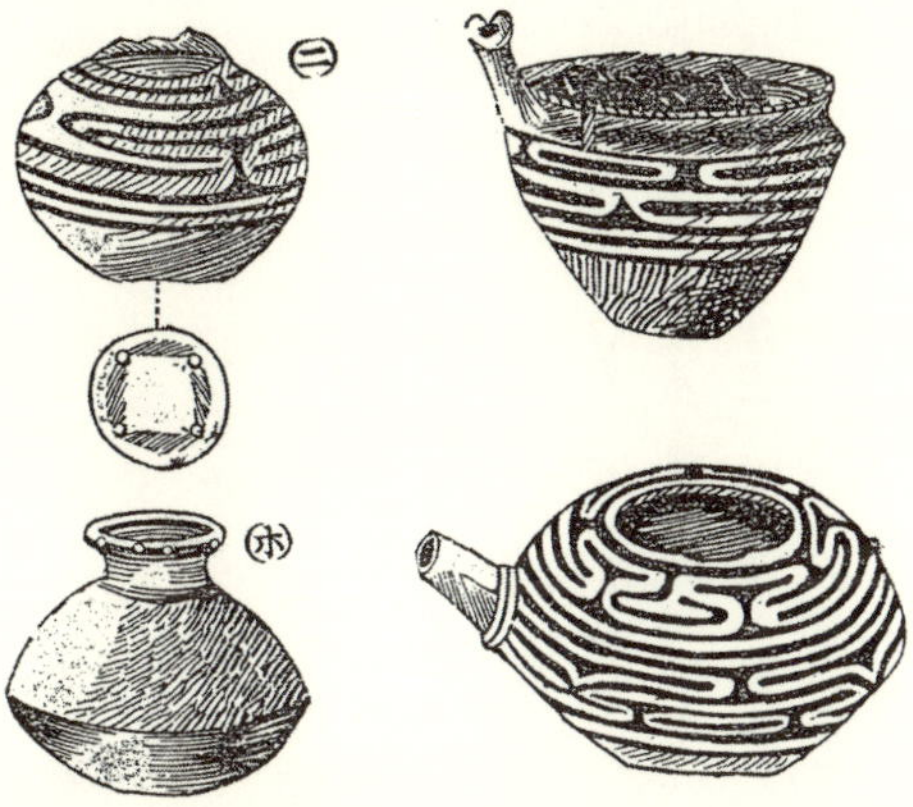
八木奘三郎『日本考古学』の中の土器

『日本考古学』は、一八九八（明治三十一）年六月にその上巻、次いで翌年一月に下巻が発行された。

上巻（上編）は、原史時代とする。第一編先史時代とし、下巻（下編）は、原史時代とする。先史時代は「人種・住居・衣服・風習・食物・器物・船舶・技術」、原史時代は「人種・住居・着用物・風習・食物并飲料・器物・技術・船舶・交通貿易・宗教・上古邦人の特性」の各章にわけて述べている。その序には、次のような格調の高い一カ所もある。

「人或《あるい》はいわん、既往を考うるは歴史の存する有り、又他を要せずと、これ大なる誤見と云わざるを得ず、今日のいわゆる歴史は単に文字に基く。而して実跡を本とするは一に考古学によれり。故に前者は其影《その》にして後者は即ち其躰《たい》なり」（原文は歴史的かな遣い。また漢字を一部ひらがなにしてある。本シリーズでは以後原則として、これにならう）

なお、坪井正五郎も序文を記しているが、次の文である。

「瓦《かわら》を拾えば硯《すずり》にせんが為に之を彫り、壺《つぼ》を獲れば花瓶にせんが為に其形を変ずるが如きは古《いにしえ》をもてあそぶ者なり。或は雅致有りと云い、或は古色掬《きく》すべしと云い、単に古きの故を以て古物を愛玩するは古を好む者なり、古人を敬い上世を慕うのあまり古代の遺物を珍重するは古をとうとぶ者なり。弄古、好古、尚古、快楽の種類としては固《もと》より高尚のものたるべきも、毫《ごう》も学事に益を及ぼすにあらず。之に反し、古物を見ては其用法と製法とを考え、遺跡に臨んでは之を遺したる者の誰たると其年代のいかんとを考うる者、之を考古学者と云う」

まさに「考古学者」のそのころの定義である。この本は、日本の考古学の概述書としても最初のものであり注目された。のち、合本して一冊となり、版を重ねた。また改訂版も刊行され、特に中編として「弥生式土器と竪穴」を九ページにわたってとりあげ、学問の新しい傾向とマッチさせている。

四——敦煌文書の発見

日本の考古学とは直接関係がなかったとしても、ここにとりあげたい一つの事柄は、今からちょうど百年前の一九〇〇年に中国において大きい発見があったことである。

それは中国の三大石窟《せっくつ》の一つとして知られており、日本からの見学者も毎年多数に達している敦煌《とんこう》石窟で、この一窟から、膨大な量の古文書古記録が発見され、いわゆる「敦煌文書」として世界の学界に知られたことであった。東洋史学者神田喜一郎が『敦煌学五十年』の中で「世界の東洋学者を驚倒せしめたもの」と述べたくらい、十九世紀の最後の年の学界をにぎやかにした大事件であった。

中国敦煌莫高窟蔵経洞内部（著者撮影）

この発見はフランスの東洋学者ペリオによって北京で発表され、その情報は早くも日本の内藤湖南（虎次郎・一八六六―一九三四年）にもたらされた。内藤は当時関係していた朝日新聞社にこれを伝え、大ニュースになった。続いて内藤は関係の記事を新聞に連載した。この中には敦煌石窟の壁画についても触れ、日本の法隆寺壁画との関係にも及んだ。次の文である。

「大体これらの壁画は、印度のアジャンタ

の窟殿の壁画に関係を有し、日本に於ては法隆寺の金堂の壁画、それから下っては醍醐寺の五重塔内の壁画などと皆同じ系統をもって居って、つまり印度の壁画と日本の壁画との間に、この西域の壁画を挟んで考えると、其の沿革が明瞭に分かる。又其の仏画は当麻《たいま》の曼陀羅《まんだら》に髣髴《ほうふつ》たる者である。これは単に壁画と云う方からみたのであるが、其の外、此の壁画に於ては唐代の風俗を目のあたり見るような心地がする。此の点に於ては我が天平時代の因果経の画、又は正倉院御物の弾弓の散楽の画と髣髴たる所があって、同じく隋唐の画法に属して居ると云うことが分かる」

「敦煌古文書」を中心とした研究活動は京都帝国大学の学者によって活発に行われた。

一九一六（大正五）年、京都帝国大学考古学講座が開設されるや最初の教授となった浜田耕作もその一人であった。

浜田耕作（一八八一―一九三八年）は、大阪府岸和田市に生まれた。一九〇五（明治三十八）年、帝国大学文科大学西洋史学科を卒業した。

卒業後、国華社に入り、『国華』の編集に携わったが、のち一九〇九（明治四十二）年、京都帝国大学文学部の講師に迎えられ、日本美術史とともに考古学の講義をした。浜田は、一九一〇（明治四十三）年一月刊行の『東洋時報』一三六号に「敦煌石窟発見の古書画に就いて」を発表した。考古学者として中国の石窟に関する最初の発表であった。また、一九〇九（明治四十二）年十一月二十八・二十九の両日にわたって行われた京都帝国大学史学研究会の総会のときには、諸教授とともに、敦煌について講義したが、浜田の題名は「壁画・彫刻」であった。

浜田は、のち教授となり総長となった。その後の考古学界の活躍については、後に述べる。

五――最初の日本考古学の概述書

二十世紀のはじめのころ、日本考古学に関する文献をかえりみるとき、二十一世紀を迎えつつ豊潤な各種の文献が出版されている現在とくらべて、百年の時の流れも覚え無量の感慨がいだかれる。このころは、さきに述べた八木奘三郎の『日本考古学』があたかも二十世紀へのはなむけのごとく、人びとに考古学を理解させる上の良著となり、研究者へのよき参考書になっていたが、八木は、新しい二十世紀になってから、二冊の本をあらわして好評を博した。

その一冊が『考古便覧』と題するものであった。一九〇二（明治三十五）年の刊行である。この本には「銅剣銅鐸考・墳墓の沿革・鏡鑑説・曲玉砥石・埴輪総説・古瓦の研究・泉貨略説・神像辯」の八項を収めており、弥生時代の銅剣・銅鐸から、歴史時代の古瓦・泉貨など広汎な範囲にわたって述べ、八木の博識さをも示している。八木は、凡例の中で、

「予考古学に志して以来世の斯学にたずさわるものを見るに未だ全般にわたらずして直に一部細微の研究に移らんとする傾向あるを示せり、これ旧来の積弊たりといえども世に完全の成書これなきが為めなり」

と、その抱負を述べている。

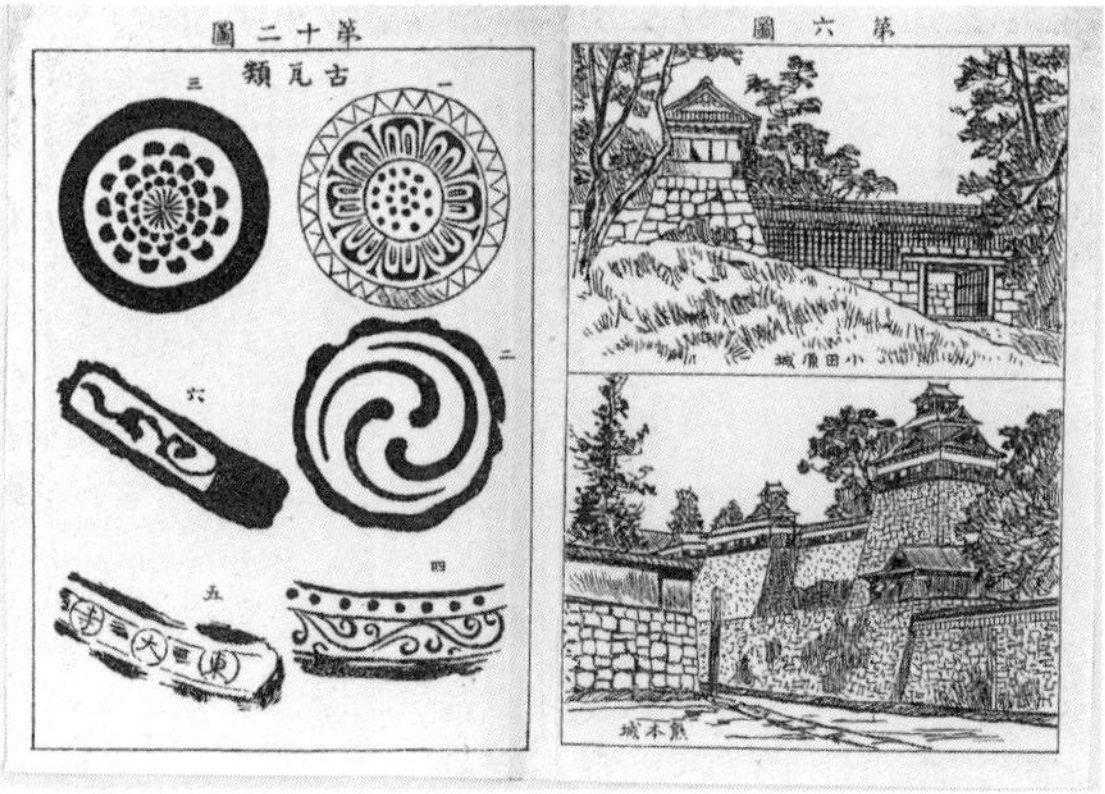

『学生案内考古の栞』の中の挿図

また一九〇四（明治三十七）年に『学生案内考古の栞』を著した。これは、今日にいう、考古学ガイドブックでもある。文庫版の二百十二ページのものであったが、遺跡の種類・新古遺物の種類にわけ、とくに有史時代の部を設けて、さまざまな項目をはじめ、「調査上の注意点」をあげて、平易に説明している。序には

「予世人に接するごとに今日の学生が修学旅行の際、いたずらに教師の指揮を仰ぎ、無意義に諸地方を経過し来りてたまたま師の説明有るも其場限りに聞流すこと多く、自身の注意を深くするものまれなる例を聴けり、此言一二人に止まらざれば必ずや事実なるべし、おもうにかかる欠点有るは学生諸子に対する適当の案内記なく、其時限りの挙に出づるが為めならん、斯種の弊を救わんと欲せばあらかじめ諸種の案内記をつくり、其目的に対する小冊子を所持せしむることもっとも肝要なり、かくの如くにせば説明の労少くして理解力多きこと弁をまたず、且つ平素其書を手にせば目熟して事を暗んずる為め観察力漸次強大となり、ついに師の不足を補うに至るや必せり」

とあり、修学旅行に対する学生の態度に対しても自らの見解を述べている。また、一九〇五

(明治三十八)年には『考古学研究法』を著した。内容には、現在と比較し隔世の感があるが題名の新鮮さは、学史として輝くものがあり、このころの考古学を普及させた。

なお、八木は、これまでの序文などでも知られるように漢文の素養も深く、文学的な才能も持っていた。一方、川柳にも巧みなものがあったが、これはのちに紹介したい(第二章二一)。

六——坪井正五郎の埴輪の考察

二〇〇〇(平成十二)年四月十一日の各新聞の朝刊は、三重県松阪市宝塚一号古墳からの飾り付きの船形埴輪《はにわ》の発見を大きく報道した。そして、これを読んだ人々は、埴輪に対して新たな関心を寄せた。このような埴輪についての最初のまとまった本は、二十世紀の初頭一九〇一(明治三十四)年に、坪井正五郎によって刊行されている。この本は、円筒埴輪・人物埴輪を主として対象としたものであったが、人類学者でもあった坪井の人物埴輪に対するこまかな観察はさすがであった。

坪井は、この本の中で、埴輪の時代については、垂仁天皇のときに野見宿禰《のみのすくね》が殉死のかわりに埴輪を用いることを進言したという伝承について批判しつつ「今をへたる凡そ千数百年」としている。そして、とくに人物埴輪については、その面貌《めんぼう》について、武蔵諸地方発見の物五個、常陸

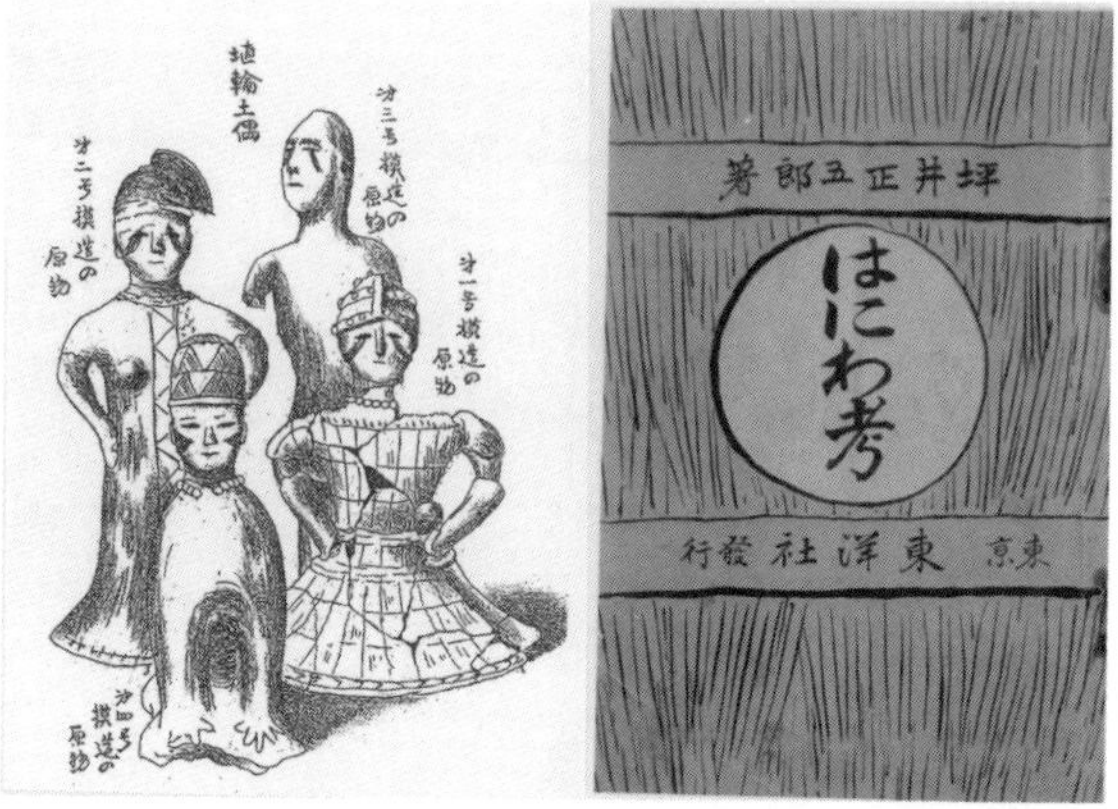

『はにわ考』の表紙と挿図

諸地方発見の物六個、上野諸地方発見の物九個、下野諸地方発見の物五個の資料をもとにして目・まゆ・鼻・鼻孔・口・ひげ・耳・耳孔について、こまかく観察している。たとえば、目については十七個にあっては紡錘状の切り抜き孔。五個にあっては一の字形の切り抜き孔。一個にあってはくし形の切り抜き孔。二個にあっては尖端の下を向いた三日月形の切り抜き孔としている。

鼻では、六個にあっては三角な底面を有する稜錐体。五個にあっては面の中央部の土を摘み上げたような形。六個にあっては幅狭く明らかに付け物をした形としている。

鼻孔については、五個にあっては左右別々のへこみ。一個にあっては左右一続きのへらの痕。多数の場合にあっては全く省略してあるとしている。さらに、耳孔までとりあげ十個にあっては円形の突き抜き穴。一個にあっては深いへこみ。多数の場合にあっては髪あるいは冠物で隠れている、としている。

口については、四個は紡錘状の切り抜き孔。一個は一端が円く、一端が尖っている切り抜き孔。

三個は尖端の上に向いた切り抜き孔としている。そして、結びとして、「そもそも埴輪土偶というものは真に死すべきはずの人を模したのであろうか、あるいは単に殉死者の代わりとして適宜なものをこしらえたのであろうかと申しますに、ある土偶においては目の上にいぼが付けてあったり口が曲がったように作ってあったりしていかにも実在の面貌を写したとしか思われませんから、多分は一般に写生であろうと考えるのであります。一々厳密な模写であるとはいえないにもせよ、当時の人の面貌として見たなら大差はありますまい。目の細長い事、鼻の背が真っすぐで底面がやや上向きになっている事、口の小さい事などは当時の人の多数が有していた体質と見てよろしかろうと思います。ここに例に引いた土偶の中十五体は男子を示したものでありますが、ひげのかき表してあるものはわずかに二個のみであります。この事実も注意すべき事であります」と述べている。

第一章　黎明（一九〇一―一九一一年）

七――英人科学者・ゴーランド

イギリスのゴーランドが一九二二（大正十一）年に亡くなった。そのころ、京都帝国大学の考古学教室の主任教授になっていた浜田耕作は「朝日新聞」に「日本考古学界の恩人ゴーランド氏」の文を寄稿した。これを読んだ人びとは、はじめてゴーランドという人物が、一八七二（明治五）年から十六年間の長い期間にわたって、日本の古墳の旅をつづけ古墳に関する成果を発表したことを知ったのである。この文は、次のように述べている。

「日本の考古学の研究は石器時代に於ては亜米利加の学者モールス氏にその端を開いたと同様に、古墳の科学的研究も恐らくは此ゴーランド氏の手で始められたといっても過言ではあるまい。氏は明治五年から二十一年に至る長い滞在の間に、その本業の余暇を利用して広く各地を旅行して、大和、河内、摂津、近江、美濃等の近畿地方から、更に山陰、山陽の方面では出雲、石見、伯耆、備前、播磨の諸国、九州では日向、豊前、四国に於ては伊予、土佐等の各地にある古墳墓を調査し、あるものは発掘をも試みて、それらに関する正確な科学的研究を行った。氏の作製した古墳の外形や石室の実測図の如きは従来日本の学者の未だあえて試みなかった処の新しい測量法に依り、正確かつ明瞭に画かれたもので、此の如き図法はその後に最近に至るまで日本人の試みるに至らなかった位で、今も

ゴーランド像

なおその正確さにおいて学者の推重する処である」と。

二〇〇〇（平成十二）年四月八日の「読売新聞」の歴史・文化欄には「御雇い外国人」の記事にゴーランドをとりあげ「この実測図を見れば、当時の日本の考古学者より二、三十年は進んでいたことが歴然ですよ」という私の談話をも紹介している。いま、古墳の発掘調査がさかんに行われ、その研究も新鋭さを加えているとき、日本人による古墳の研究が未熟であった十九世紀の後半のころのゴーランドの科学的な実測とすぐれた考察には、改めて見直すものがあろう。

しかも、ゴーランドは、本来の考古学者ではなかった。氏は、イギリスで王立化学専門学校・鉱山学校を卒業した人であり、一八七二（明治五）年、その前年に開設された大阪造幣の役所で、化学冶金方造幣長官顧問の資格で招聘された科学者であった。そして、その本業のかたわら熱心に古墳の研究をしたのであった。しかし、氏の業績の成果は母国で行われた。一八九七（明治三十）年の『日本のドルメンと埋葬墳』、一八九九（明治三十二）年の『日本のドルメンとその築造者たち』、一九〇七（明治四十）年の『日本の初期天皇陵とドルメン』などであった。

ここでいうドルメンは、現在の弥生時代の支石墓でなく、横穴式石室を備えている前方後円墳や円墳、または石室だけが残っているものを意味する。もし、これらの本が、日本で発行され、日本文による翻訳書がつくられていたならば、日本の古墳研究者にも、新鮮な刺激をもたらしていたにちがいない。

八――日本人の祖先

私は一九七九（昭和五十四）年に講談社の「学術文庫」の一冊として『日本人はどこから来たか』と題する本を刊行したが、この本は現在なお版を重ねている。題名にもあらわれている日本人の祖先の問題について、多くの人々が関心をいだいているためでもあろう。

この問題の解明には、とくに人類学者の研究をまたねばならないが、すでに長谷部言人（一八八二―一九六九年）は、一九二二（大正十一）年『日本人の祖先』（岩波書店）を著し、清野謙次（一八八五―一九五五年）は『日本歴史のあけぼの』（昭和二十二年、潮流社）を著し、平易な文章で説明した。

日本人の祖先を考えるには、日本人種のことを知らなければならないが、明治の初め日本に来た外国の学者も、これに学問的な興趣を覚え、日本人に先住民族があったとし、それを「プレアイノ」とも呼んだ。とくに、モースは大森貝塚から発見した人骨片の上から「人を食った人種」となし、これを知った当時の日本人を刺激した。

先住民族説は、このころ大和民族の優秀性を信念とした日本人にも支持された。すなわち、貝塚のごときゴミ捨て場を残し、石器を使用したごとき人々を、我々の祖先の天孫民族が、駆逐したというのである。

そして、先住民族はアイヌの間に伝承されていた「蕗《ふき》の下の人」の意味をもつコロボックル

コロボックル人の姿（大野延太郎筆）

（コロポックル）とする考えが高揚された。その熱心な主張者は坪井正五郎であり、多くの人々はこの説を支持した。ここに掲げた図は、支持者の一人であった画家であり考古学者であった大野雲外（本名延太郎、一八六三―一九三八年）が描いたコロボックル人をあらわしたものである。

坪井のコロボックル説は信念ともなったが、これに対し親しい学友でもあった白井光太郎（一八六三―一九三二年）は、「コロボックル果たして内地に住みしや」（『東京人類学会雑誌』二―一三）を発表した。「蝦夷はアイヌなり。大森貝塚はアイヌの遺跡たる明瞭なり。扁平肋骨《ろっこつ》の人骨これを証す」という白井の説に対し坪井は「コロボックルの脛骨《けいこつ》もまた扁平であったと信じます」という非科学的な信念で答えたことも、これを語るものであろう。

やがて、一九〇五（明治三十八）年に、その強硬な反論が発表された。坪井の弟子であった鳥居龍蔵（一八七〇―一九五三年）である。

氏は、明治三十八年二月『東京人類学会雑誌』（二〇―二二七）に小金井良精の「日本石器時代の住民」を紹介したが、中に

「コロボックル論者たる者、豈《あに》処女的態度

を取て可ならんや。コロボックル論者よ。願わくは、今日世上に発表せるアイヌ説の不道理なることを説明し、併せて一層確かにエスキモーと本邦石器時代住民との類似一致を証明せられんことを望む」

となした。恩師に対する激しい口調であった。

ちなみに、人種論は清野謙次が『古人骨の研究に基づく日本人種論』（昭和二十四年）を発表し、日本の石器時代人は、今の日本人の祖先であるとなし、この説が定着した。

九──「大学派」と「博物館派」

ここにいう「大学派」と「博物館派」という名称は、私の考えついたものではない。八木奘三郎（一八六六─一九四二年）が「明治考古学史」（『ドルメン』昭和十年六月）の中で述べたのである。しかし、十九世紀の終わりから二十世紀の初め日本の考古学界の動向を考える場合には、もっともふさわしい名称でもあった。

さて、「大学派」とは、現在の東京大学理学部人類学教室を中心とした一派である。東京大学は、現在に至るまで、名称にも移り変わりがあった。はじめの大学南校・大学東校から東京大学となり、法・医・理・文の四大学となり（一八七七年）、帝国大学の名に変わり（一八八六年）、新たに農科大学がおかれた（一八九〇年）。

一八九七（明治三十）年に京都に京都帝国大学が設置されるにともない、従来の帝国大学は、はじめて東京帝国大学の名となった。したがって、一八九七年のころまでは、国立の大学としては、東京帝国大学の前身の帝国大学だけであり、ここの理科大学に人類学教室があり、また東京人類学会がおかれた。ここで坪井正五郎・野中完一・八木奘三郎・大野雲外らが考古学界に活躍していたのである。

坪井正五郎

三宅米吉

一方、「博物館派」は現在の東京国立博物館の前身の帝国博物館を中心とした一派である。帝国博物館は、はじめ万国博覧会や博物局を原点としていた。一八八六（明治十九）年一月に、従来の農商務省の管理下にあった博物館の事業が、宮内省にうつされ、一八八九（明治二十二）年上野公園に建物が建設された。同時に京都博物館・奈良博物館も設けられた。上野の帝国博物館に総長がおかれ、京都・奈良の博物館をも管理した。そして、奈良博物館館長は知事が兼任した。ちなみに前東京美術学校長であった正木直彦（一八六二—一九四〇年）は、『回顧七十年』（昭和十二年）の中の「博物館をめぐつて争ふ」で、奈良博物館長を兼任した古沢奈良県知事のことについて次のように触れている。

「篤学な詩人であり、美術も愛好していたので、古美術品を扱う博物館長を命ぜられたのに対し非常に乗気になって、私共を集めて、《今回は、宮内省から実にうれしい御命令に接した。一つ、大いに此の方面もやらにゃいかん。皆、勉強せい！》といい渡した」というのである。この時の帝国博物館総長は特命全権公使兼図書頭宮中顧問九鬼隆一が兼任した。

三宅米吉（一八六〇―一九二九年）は一八九〇（明治二十三）年に帝国博物館陳列品取調嘱託となり、その後一八九五年には、学芸委員となり、のち東京帝室博物館の歴史部長となった。一八九五（明治二十八）年には、考古学会を創立させ、自らもその会長になっていた。

考古学者高橋健自（一八七一―一九二九年）も歴史部次長となり三宅を助けた。このようにして三宅・高橋のコンビにより考古学会あるいは博物館を基盤としての活動を展開させたのであった。

一〇――北陸人類学会の創立

一八九五（明治二十八）年には、東京人類学会は創立以来十一年を迎え、全国に二百人にも近い会員となり機関誌『東京人類学会雑誌』も百六号に達した。このころ、各地においても、この会の支部的な性格をもった学会が創立された。この傾向の中にあって、学史を飾るものとして、北陸人類学会があり、機関誌『北陸人類学会志』があった。この会は、明治二十八年十一月に金沢市で発会式が行われた。明治二十八年というと、この年四月に日清戦争の講和条約がなされている。

この会を推進させた人物に、須藤求馬がいた。金沢市池田町二番地に居住していた。ちなみに、氏は、のち、熊本の旧制第五高等学校に転任した。

須藤が去ったあと、北山重正が、この会の推進に力をつくし、事務所を金沢市高岡町の自宅においた。さて、この会が、どのような経過で成立したかについては、幸いに、明治二十九年十一月に開かれた創立一周年の記念会で、須藤求馬は、次のように述べており、その事情がわかる。

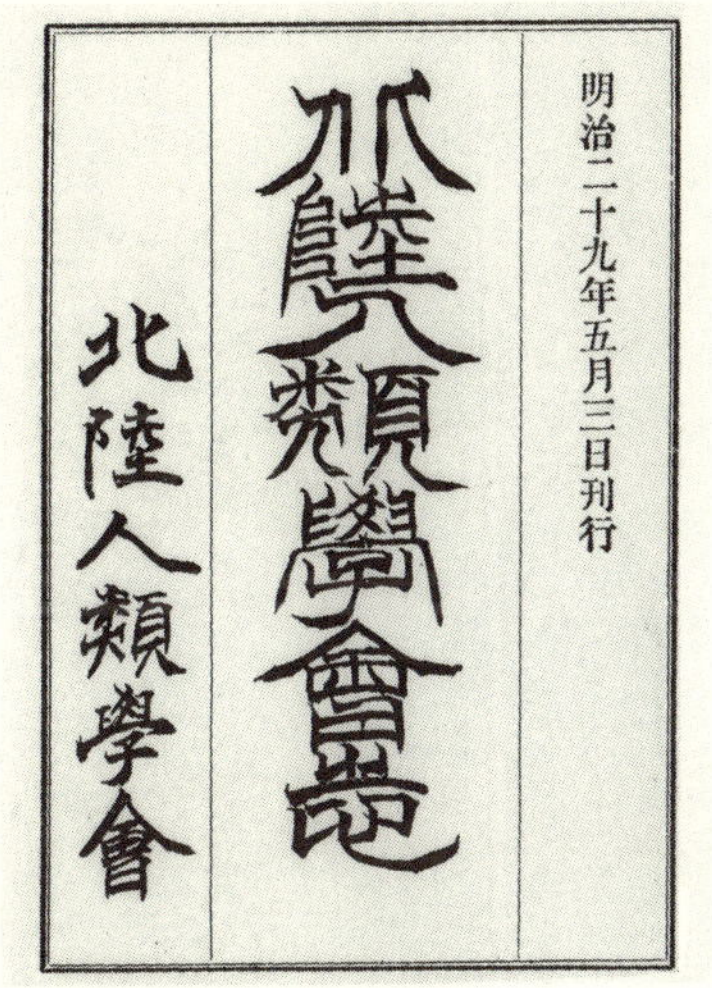
明治二十九年五月三日刊行
北陸人類學會志
北陸人類學會

「北陸人類学会志」の扉

「時に当時北陸地方において東京人類学会々員たるもの、越前に月輪眞成氏あり。越中に阿波修造氏あり。越後に田中仁次郎、花井菊太郎の両氏あり。而うして私も同会員たるをもって、直に檄《げき》をとばして、学会設立の趣旨を通ぜしかば、諸氏喜んで吾々の発意を迎えられたり。ここにおいてか、北陸七州の連合なり、井上一・花井菊太郎・河島松太郎・竹内利道・田中仁次郎・月輪眞成・宇野富良・小岩井兼輝・出口米吉・北山重正・白井保太郎諸君及び余の十二人発起者と声言し、学会創立の趣意を七州四県の新聞紙上に広告し、同志を募り、即十月廿七日創立会を金沢公園覧勝亭に開き、諸規則を議し、越えて十一月二日神宮書院に会合し、確定議をなし、此に会名を定め、北陸人類学会と称し、事務所を神宮書院内に設け、仮に河島・竹内・宇野・小岩井・出口・白井及び余の七名評議員となり事務を取扱、遂に同月廿三日を以て、発会式を挙行せり」。以上である。

そして、明治二十九年五月には、機関誌『北陸人類学会志』が刊行された。その編集の内容等は『東京人類学会雑誌』を範としている。しかし、和紙を用い、装幀を和綴じにしているなど、北陸の風格がよくあらわれており、他に類書を見ない。また、機関誌を四編まで発刊し、かつ毎月の例会を五十回以上も開いたことは特異であり、北陸人類学会に関係した人々の熱意を讃えてよい。しかも、日本の地域文化がようやく向上する動きが見られたこのころ、とかく文化の上に沈滞の空気もあるといわれている北陸の地に、率先して、この種の会を創立させ活動したことは、北陸の学術文化史の上にも忘れることのできぬものであろう。

私は、この雑誌を、かつて東京神田の古書店で入手し、大事に保管しているが、幸いにこの本をもととして第一書房の『復刻日本考古学文献集成』として復刻することができた。

二——古跡に対する愛護運動

「古跡」という名称がある。これは「古跡」であり、考古学上の遺跡もまた、この「古跡」の中に含まれる。この「古蹟」については『大日本地名辞書』の著者として知られている吉田東伍（一八六四―一九一八年）は、かつて、次のような明快な定義をしている（『古蹟』二―五、明治三十六年）。

「古蹟とは通して旧跡とも云う。その物たるや土地の上にかかわり、已に往時の盛観、本能を失うも、なお明白に歴史上（或は名教上学術上）重要なる事件人物の、紀念、及び材料を有するものすなわちこれなり」

このような古跡を大切にし、保存し顕彰しようとする考えは、日本人の間に早くからみられたが、一つの組織をもった会が、一九〇〇（明治三十三）年から積極的に活動を展開した。

それは、帝国古蹟取調会の設立であった。そして、機関誌としての会報を出した。これに関係した人びとは、会長として公爵九條道孝、副会長として子爵長岡護美がおり、顧問として、侯爵西郷従道、伯爵土方久元がおり、学事顧問として星野恒・三上参次の日本史学者や三宅米吉・坪井正五郎が委嘱された。このころの社会・学界を代表する、そうそうたる顔触れであり、事務所もまた、旧華族たちの集まりの場でもあった華族会館におかれた。

古蹟取調会の活動は、このような人びとと場所を基盤として全国的に展開された。

この会の規則の第一条には「この会は、わが国の古蹟を取調べて、保存をはかることを目的とする」とある。会報には、「時勢の推移と共に此等の古蹟も空しく湮滅《いんめつ》し去るもの多し。殊に維新後、物資的文明さかんに起るに至りては、鉄道疏水、運河建築、山野の開墾等百般の工事駸々として遂にその止まる所を知らず。これ文明潮流の自然の現象として、国家に益ある。誠に喜ぶべしといえども、一利一害の相伴うは、古今の事物に免るべからざる所にして、此等工事の益々、隆興するに従い、古来屈指の名蹟の、破壊湮滅せらるるもの、またすくなしとせず」と。

この文の書かれたのは、明治三十三年という時代であることを考慮すべきであるが、古蹟に対する関心が高まりつつあったことを示すものである。

この会の対象とする古蹟については、「学術の研究に資すべき古物遺跡」が含まれていたことが注目される。

この会は、はじめ会報を発行したが、明治三十六年一月からは、『古蹟』の名で刊行された。なお同誌三巻三号（明治三十六年）には、大森金五郎が「古蹟の保存に就て」と題する文を発表している。

「歴史上の古蹟遺物というものは、まだ充分に恩沢を受けぬわけであります。ところが一方には実用実用という点から、鉄道の敷設、道路の開設、其他大小の土木工事のために、歴史上の古蹟、又は建築物が次々と破壊される」と述べ、当時の状態を嘆いている。

一二——日露戦争と考古学

一九〇四（明治三十七）年二月六日、日本は、ロシアに対して国交断絶の通牒《つうちょう》を送り、十日に宣戦の布告が発せられた。この日にロシアも日本に対して宣戦を布告し、ここに近代史上重要な日露戦争が始まった。そして、翌年の八月二十九日講和が成立し、戦争が終結した。

この年は、干支では乙巳の年にあたり、み年すなわち蛇の年であった。坪井正五郎は、新年の賀状に「国民の負担甚だヘビーの年」とし、英語の「重い」を意味する言葉を巧みにとり入れた狂歌を作って、友人たちに送っている。

日露戦争は、この学問にどのような影響をあたえたのだろうか。明治三十八年三月刊行の『東京人類学会雑誌』（一九—二一六）を見ると、松村瞭《あきら》は「露国版図内及び満州に於ける人種」という論文を発表した。同四月には、同じ雑誌（一九—二一七）に、坪井正五郎は、「戦争の人類学的観察」という記事を掲載した。これは三月五日東京人類学会の例会で講演したものの筆記であった。

また、『考古界』では、明治三十七年五月刊行のもの（三—一二）に、江藤正澄が「箱崎宮勅書敵国降伏考証」を紹介した。同三十七年四月刊行のもの（三—一一）には、歴史学者堀田璋左右が、「戦局と考古学」という文を発表し、

「世の学者に望む。戦時を利用して研学の途に上らんことを。戦争は単に政治的のみのものにあらず。実に智力の戦なり。戦争の中に既に平和あるを忘れる勿《なか》れ」

と述べた。

学術雑誌が、これらの記事をのせたことも、戦局の影響といえよう。しかし学問自体の流れにおいては、特に戦争による萎縮停滞はなかった。鳥居龍蔵は『ある老学徒の手記』の中で、「日本国内は非常に動揺がはなはだしかったが、人類学教室は相変らず一同静かに勉強していた」と述べていることでもわかる。

明治三十八年十月には、千葉県下に遠足会ももよおされた（本章二〇参照）。

安藤正楽の描いた土器の図（子持壺）

さて、ここに紹介したい一人の人物がいる。その名は、安藤正楽（一八六六―一九五三年）で、愛媛県宇摩郡土居町の人である。県会議員にもなった政治家であった。しかも、考古学を愛好し、東京在住のときには、東京帝国大学理学部人類学教室に出入りしており、その所蔵の資料を自ら図写したりした。

第一巻『土器図譜』、第二巻『埴輪図譜』、第三巻『金銀銅鉄図譜』をまとめた篤学の人であった。氏は非戦論者の人道主義者でもあった。一九〇七（明治四十）年三月、氏は、凱旋《がいせん》した人たちにたのまれて記念碑の文を記している。この中に、「由来戦争の非は世界の公論であるのに、事実は之に反し戦は明日にも始まるのである。あ、之をいかにすればよいか、他なし、世界人類の為に忠君愛国の四字を滅するにありと予は思う」という戦争批判の文を堂々と述べている。

一三――名古屋高蔵遺跡と鍵谷徳三郎

東海地方の弥生文化は、この地方が畿内と東国の流動の接点に当たる関係もあって、研究の上にも重要な意義をもっている。そのため二十世紀になっても、愛知県豊橋市の瓜郷《うりごう》遺跡をはじめ、静岡県浜松市の伊場遺跡・静岡市の登呂遺跡などの調査もあり、大きい成果をもたらしてきた。これらの遺跡は、いま、史跡公園になっている。

これに対し、二十世紀の初頭、今は都会の中に失われつつある名古屋市内の弥生時代の遺跡を、工事中に、たくましく調査し、その成果を発表した一人の学者がいた。鍵谷《かぎや》徳三郎であり、弥生時代の遺跡は、高蔵《たかくら》遺跡であった。この高蔵遺跡については、愛知県出身の考古学者吉田富夫氏が『名古屋の遺跡百話』の中でも述べている。この本は、氏のなくなったあと、大參義一氏によって増補の上編集された（昭和四十八年・名古屋市教育委員会）。

「名古屋の市街地の中心部を南北にのびる熱田台地の東の縁辺部を占め、市電大津町線を挟んで、北は沢上町から、南の方へ外土居町・高蔵町・夜寒町にかけてまたがり、十カ所以上の小貝塚・遺物包含層をふくむ一大遺跡群を形成している」と説明している。

一九〇七（明治四十）年、南大津町線道路拡張工事の際に発見されたもので、この情報を耳にした鍵谷徳三郎が、その翌年一月から三月にわたる約八十日間調査を続けた。

　氏は、そのころ、陸軍幼年学校の国語科の先生であったが、考古学をも愛好していた。そして、調査の成果を、早くも『東京人類学会雑誌』（二六六・明治四十一年）に「尾張熱田高倉貝塚実査」と題して発表した。この中には、

　「熱田駅を発して名古屋に向かうと、右手は茫々水田を隔て、東方に一帯の丘陵の横たわるを望み、左手には近く麦畝青々波をただよわして線路に接し、西方に斜起して丘を作り、またうっそうたる樹林が丘上に横たわり、前方には東別院の堂宇が丘上にそびえて、行く人びとの注意をひき、この付近の風致を添えていること少くないのをみる」（むずかしい部分は改めた）と、九十余年前の風景が見事に描写されている。

「高蔵遺跡出土品」（『東京人類学会雑誌』より）

　この調査の成果により土器は熱田式といわれ弥生時代の中期に属し弥生時代の遺跡を代表するものとなった。石器の発見は、このころ石器の併用されていたことをも示し、また、馬歯の発見により、このころ、馬の生息していたことを明らかにし、現在なお貴重な資料となっている。

　高蔵遺跡の一部は、その後、名古屋市教育委員会によって、一九八一（昭和五十六）年以来数

度にわたり調査が行われた。ことに、昭和六十年には、熱田区夜寒町にまたがる個所が、南山大学の重松和男氏を中心として調査され、弥生時代前期にもさかのぼることが明らかにされ、一九九九（平成十一）年に第二次発掘調査報告書も刊行された（『名古屋市文化財調査報告』二〇）。九十余年前一人の熱心な研究者により学界に報告されたこの遺跡はいま再び新しい資料を提供している。

一四――高橋健自の『鏡と剣と玉』

高橋健自（一八七一―一九二九年）は、本格的な考古学者として、二十世紀の初めに活躍した。さきに述べた「博物館派」の承継者でもあった。帝国博物館から東京帝室博物館へと発展した初期のころ、博物館を中心とし、また考古学会を背景として、大きい業績をあげた。一九〇四（明治三十七）年当時の東京帝室博物館の歴史部長三宅米吉に招かれて、同館の学芸委員になり、歴史部次長をかね、三宅を補佐した。『考古学雑誌』の編集をもし、その事務所を自分の居宅に置いた。当時の東京市下谷区上根岸であり、そこには、次第に多くの研究者も集まり「根岸会」あるいは「根岸学派」の名も広まった。

氏の著書の中には一九一九（大正八）年の『古墳発見石製模造器具の研究』、一九二二年の

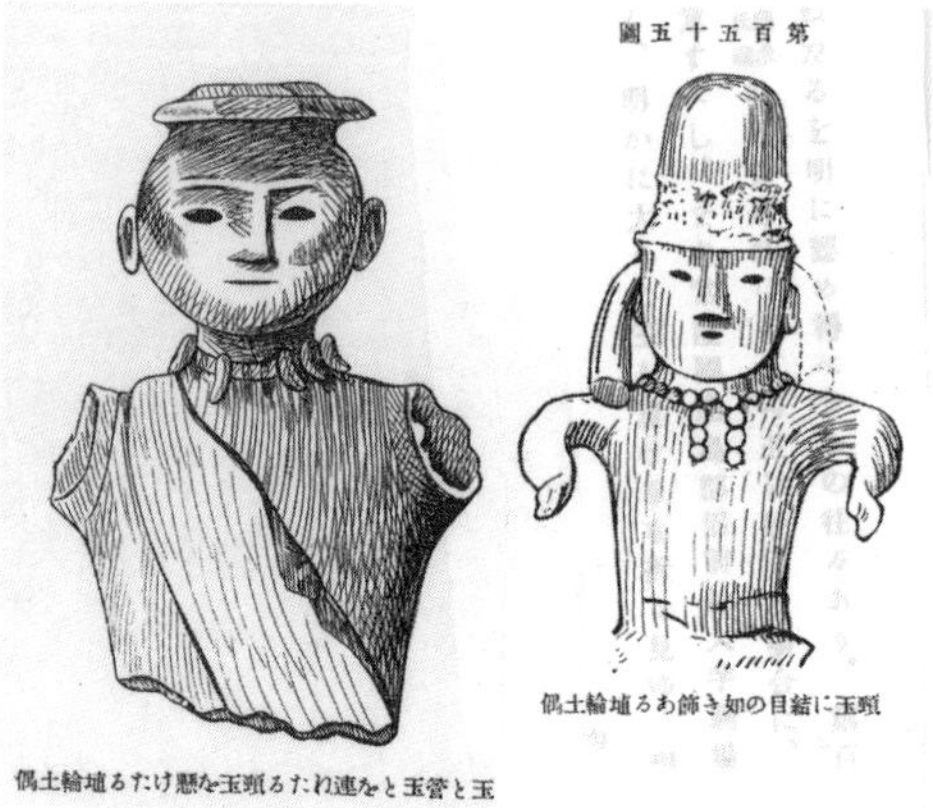

『鏡と剣と玉』の中の挿画（玉を飾った埴輪）

『古墳と上代文化』さらに一九二四年の『銅鉾銅剣の研究』があり、この本は京都帝国大学に学位請求論文として提出、のち文学博士の称号が授与された。

昭和を迎えると『日本服飾史論』（一九二七年）、『歴世服飾図説』（一九二九年）などを著し、服飾史の研究に新たな視点を向けたことが知られる（なお、一九一三年には『考古学』を刊行した）。

さらに、氏の多くの著書の中に『鏡と剣と玉』と題するものがある。一九一一（明治四十四）年冨山房から刊行された。著者としての肩書きは、東京帝室博物館歴史部次長・国学院大学講師とある。この本について、とくに、私が関心を寄せているのは、内容に「八咫鏡《やたのかがみ》」「八尺瓊勾玉《やさかにのまがたま》考」と「三種神器」をとりあげており、これが一部の人びとによって批判され、再版のときには、この部分は削除したという話を聞いたことがあるからである。そのため、私は、初版本及び再版本を探究し、ようやくこれらを手に入れて比較することができた。再版本は、昭和六年十一月に刊行されている。しかし削除された個所はなく同じ紙型をつかっている。「八咫鏡」の項では、円鏡であり、その大きさは「径一尺内外と察し奉るべし」とし、また「白銅鏡なり」とも述べている。「八尺瓊勾玉考」では、

「第一、八尺瓊勾玉は単独なる一顆の玉にあらず、多く連綴《れんてい》せられたる一連を申すなり。第二、八尺瓊勾玉の一連は特にすぐれて長かりしなり。第三、『紀』の二の語あるによれば、その色青かりしならんかと想像される」としている。

なお、柴田常恵は一九一一（明治四十四）年、『人類学雑誌』（二七—七）にこれを紹介し、次のようにも述べている。

「折角に三種の神器にちなめる題目を研究され、八咫鏡と八尺瓊勾玉とについては各々其部に於て一章をさいて考説を述べたのに、草薙剣《くさなぎのつるぎ》に至りては遂に之を欠きしは惜しい心地すれども、前述の如く三部の記述各々その体裁を異にしていれば必らずしも遺漏というべきにあらざるべし」と。

一五——出土遺物はだれのものか

ここに、Aというある村の農家の人がいたとする。彼は自分の所有している畑地を耕作していたとき、偶然にも、江戸時代の貨幣の小判がたくさんはいっている壺《つぼ》を発見したとする。このうわさは村中にたちまちにして広がった。Aはこの小判を簡単に自分のものにできたであったろうか。

Bというある町の人がいたとする。自邸の庭を植木職Cにたのんで手入れしていたとき、偶然Cは木の根元で、すばらしい青磁の壺を発見したとする。植木職CはすぐにBにも見せた。この場合、この青磁の壺はB・Cのどちらが所有の権利を主張することができるのであろうか。

このような出土品に対する法律の原点は、一八九九（明治三十二）年に制定された遺失物法にあった。この年三月二十三日「法律第八十七号」として遺失物法が公布された。

この法律の第十三条には、

「埋蔵物ニ関シテハ第十条ヲ除クノ外本法ノ規定ヲ準用ス。学術技芸若《モシク》ハ考古ノ資料ニ供スベキ埋蔵物ニシテ其ノ所有者知レザルトキハ其ノ所有権ハ国庫ニ帰属ス。此ノ場合ニ於テハ国庫ハ埋蔵物ノ発見者及埋蔵物ヲ発見シタル土地ノ所有者ニ通知シ其ノ価格ニ相当スル金額ヲ給スベシ。

埋蔵物ノ発見者ト埋蔵物ヲ発見シタル土地ノ所有者ト異ルトキハ前項ノ金額ハ折半シテ之ヲ給スベシ」

とある。第十条には、

「管守者アル船車建築物其ノ他公衆ノ通行ヲ禁ジタル構内ニ於テ他人ノ物件ヲ拾得シタル者ハ其ノ物件ヲ管守者ニ交付スベシ。

前項ノ場合ニ於テハ船車建築物等ノ占有者ヲ以テ拾得者トス。自己ノ管守スル場所ニ於テ他人ノ物件ヲ拾得シタル者亦《マタ》同ジ」

したがって、A・B・Cの場合、もし、遺失物法の公布以後であったならば、この法律に基づくのである。

すなわち、Aの場合、この小判の所有者がわからない場合（所有者がわかることはほとんどないといってよい）土地の所有者と発見者であるAが、第十三条の権利をもつ。

B・Cの場合、同じくこの青磁の壺の持ち主がわからない場合、Bは土地所有者として、Cは発見者として、それぞれが権利をもつことになる。

しかし、この取り扱いについては、一八九九（明治三十二）年十月二十六日に内務大臣名により訓令として通達がだされた。これによって所定の手続きを終わったあとは、石器時代遺物は、東京帝国大学人類学教室に、古墳関係品その他学術技芸などの考古の資料は宮内省あるいは帝国博物館の所蔵になったのである。これには、人類学教室の坪井正五郎・宮内省の管理下にあった帝国博物館の三宅米吉の話し合いがあった。帝国博物館（東京国立博物館）と東京大学理学部人類学教室（現・東京大学総合研究博物館）の旧蔵の考古学資料には、このような背景があったのである。

一六――三宅米吉の考古学観

平成八年は、あたかも日本考古学会が、創立百年を迎えた年であった。これを記念として、こ

三宅米吉の「四天王紋錦旗考」の挿図

の学会主催により「日本考古学の今日と未来」のテーマの記念講演会が開催された。

私も、「日本考古学の百年と日本考古学会」と題して講演を行った（『考古学雑誌』九七年十二月）。この中で日本考古学会の創立について、一八九六（明治二十九）年四月二十八日に開会式が行われたことを述べ、この創立に関係した人たちに、三宅米吉・下村三四吉・若林勝邦がおり、三宅はこの会の会長となったことを述べた。

さて、三宅米吉（一八六〇―一九二九年）は、一九二〇（大正九）年、六十歳のとき東京高等師範学校長及び同校教授、一九二二年帝室博物館総長兼任。翌年総長を辞し、宮中顧問官に任ぜられた。一九二九（昭和四）年四月には東京文理大学学長になった。

三宅は、一九一〇（明治四十三）年の十二月刊行の『考古界』に「我邦に於ける考古学の進歩」を発表している。まず、「考古学」という名についての解説をし、「明治時代の新輸入語で、我が国に昔からあったものではありません。しかし考古という言葉は前々からありました」と述べた。そして、「考古学は古代文化の発達変遷を明らかにするものであるから史学と其の目的を一にし又人類学と深い関係をもっております。要するに考古学は広い意味に於ける人類の歴史の一部でありますと説いた。この中で、考古学・史学・人類学との関係に触れ「考古学が史学の一部でなく史学とその目的を一にしている」と述べていることは傾聴に値する言葉であろう。

さらに、学者の共同研究の必要性について、次のような意味のことを述べている。

「学者が協同して互いに助け合う必要はいうまでもないが特に考古学では当然である。古泉家の中には、寛永銭だけの研究をする人もあり、あるいは天保銭だけの研究に多年をついやす人もいる。その一人によりて行なわれる事業は、範囲はなはだ狭小だが、精細緻密の調査をし事実の真相を究明するには、申し分がない。しかし、どんな学問でも、一人ですべてにわたって研究するべきではない。

故に、多数の人、諸方面より精密なる研究を遂行することが必要である。これは、いわゆる協同研究で、学界の進歩には欠くことのできないものである」

この文は、現在の考古学研究にもあてはまるものであろう。また、考古学研究には、材料の収集が必要であるとする。また、わが国の遺物・遺跡の研究は大陸の遺物遺跡の研究と相まって、新たに研究の道の開かれるものの多いことを述べ、大陸文化との比較研究の重要性を強調している。三宅が今から九十年前に発表した文の中には、現在私たちにとってもなお珠玉のように輝いているものもある。あらためて肝に銘じておかなければならない。

一七――「弥生時代」名について

歴史学あるいは考古学上の時代区分においては、それぞれの国によって異なるものがある。中国では、旧石器時代・新石器時代の後は、夏または商（殷《いん》）・西周・春秋戦国・秦・前漢・後漢・三国など、重要な歴史の展開のもとの区別があり、韓国では旧石器・新石器・青銅器・初期鉄器時代とつづき、原三国・三国時代のように、日本の古墳時代に当たるころは歴史上の名称が用いられている。

日本の考古学上の時代区分としては、旧石器時代・縄文（縄紋とも）時代・弥生時代・古墳時代が一般に用いられている。

日本の場合、旧石器・縄文・古墳と冠しているものは、一応理解できるが、弥生時代となると、それが「弥生町」という町名が原点であったことで、まことに特殊なものがあるのである。

弥生時代の名は、どのような経過を経て用いられたものであったろうか。一九二七（昭和二）年刊行の後藤守一の『日本考古学』では、先史時代の中に「弥生式土器」を含めている。一九三三（昭和八）年刊行の佐藤虎雄の『国史講座』の中の「日本考古学」では金属初現時代の名を用いていた。一九五一（昭和二十六）年刊行の水野清一の監修『新しい考古学』ですら「金属文化」とした。

しかし、「弥生時代」の名は、一部の混乱があったとしても昭和六年のころから次第に定着していった。

すなわち、この時代名は、東京考古学会から発行された昭和六年度の『考古学年報』第一号に採用されたのが、おそらく古い例であろう。

弥生式文化の時代といわれたことから発展したのであったが、弥生式文化は、弥生式土器文化に基づき、弥生式土器にさかのぼることはいうまでもない。そして弥生式土器は、一八八四（明治十七）年東京市本郷の向ケ岡弥生町貝塚から発見された土器に対して命名され、それは、弥生町の町名から採用した。

この土器は縄文土器と異なるものがあり、古墳時代の祝部土器（須恵器）とも相違があり、その中間に位するものと考え「中間土器」とも、埴瓮《はにべ》土器ともいわれていた。

向ケ岡弥生町の遺跡と出土した土器（弥生式土器）

その後、この類似の発見例もあり、町名を採用して弥生式土器となし、次第に定着していったのであった。それがもとで、やがて、その文化の時代が弥生時代となった。私はつねに思っている。もし地名の向ケ岡の名にしたならば、この時代は「向ケ岡時代」になっていたかもしれないと。

弥生町という名は、明治四年につけられた。何故このような名がつけられたのか。それは、文政十一（一八二八）年にさかのぼる。このころ、この地を邸にしていた水戸藩の徳川斉昭（烈公）が、「弥生の三月十日にさきみだるるさくらがもと」で、

・名にしおふ春に向かふが岡なれば
　世にたぐひなきはなの影かな

の一首を詠じたことにヒントを得たのであった。

一八――マンロー、旧石器を説く

考古学上の最も古い時代として、広く用いられているのは旧石器時代である。この時代は、地質学上の洪積世の時代にあたり、原始石器が使われ、まだ土器などの使用がなかった時代といわれている。日本には、このような旧石器時代はなかったというのが、かつての定説となっていた。従って、日本の古い文化は、新石器時代すなわち、地質学上の沖積世の時代にあたり、石器とともに縄文（または縄紋）のほどこされた土器も使用された時代とされ、縄文（縄紋）時代と名づけられていた。

しかし、一部の学者によって日本における旧石器時代を探究する研究の意欲は燃えていたが、

その確実な存在がみとめられたのは一九四六（昭和二十一）年、群馬県新田郡笠懸村（現在笠懸町）岩宿の関東ローム層からの石器の発見からであった。今は北海道から沖縄まで、全国で広く関係遺跡が発見されるようになった。

このような経過の中にあって、すでに一九一一（明治四十四）年に日本に旧石器時代があるとする説を発表した外国人がいた。この人は、イギリス人マンロー（一八六三—一九四二年）であった。氏は医者であり、一八九二年に日本に来たが、その後横浜の病院長となり一九二三（大正十二）年の関東大震災のため病院が壊滅したので、軽井沢のサナトリウムの院長になった。一九三〇（昭和五）年には、北海道沙流郡平取村（現在平取町）二風谷に移り、アイヌの人たちの診療にあたった。

マンローが発表した原始石器

氏は、一九〇八（明治四十一）年に英文で『先史時代の日本』という本を刊行した。外国に日本の考古学を紹介する目的で出されたものであり、次の十五章から成っている。

第一章　旧石器時代の遺物／第二章　新石器時代の遺跡／第三章　住居／第四章　器具と生活用具／第五章　武器／第六章　製陶技術／第七章　食物・衣服と社会関係／第八章　中間土器／第九章　青銅器／第十章　大和民族の遺跡と古墳／第十一章　金属製及び石製の大和民族の遺物／第十二章　大和民族の

土器／第十三章　大和民族の社会生活と社会関係／第十四章　宗教／第十五章　先史の住民

この第一章の中に、一九〇五年の夏、神奈川県早川その他の流域からの礫層の中から発見された旧石器類似の石片をとりあげ、あわせてこれにともなう化石獣類の存在を問題にし、日本における旧石器時代の存在の可能性を示唆している。

この本については、この年刊行の『史学雑誌』（一九一四）にも紹介された。

「吾人は本邦先住民及び吾人の祖先に関する総合的研究が、はやくも外人の手によりて発表せられたるを見て、著者の篤学に対し感謝する所あると共に、又本邦学者の発奮をこいねがわざる能《あた》はず」と。

しかし、日本文としては刊行されず、広く日本人に読まれなかった。そして「旧石器時代」の存在はまだ、多くの人々の間では未知の世界におかれていた。

一九――歴史教科書と考古学

日本人にとって、自国の歴史を知ることは重要であり、そのため、かつての小学校・中学校にあっては、文部省のいわゆる国定教科書あるいは検定による歴史教科書が刊行された。このような教科書の内容の趣旨については、一九一〇（明治四十三）年、当時文部省の図書審査官の地位にあった喜田貞吉は、『国史の教育』と題する本を刊行しているので、その一端を知ることができる。この中で、尋常小学校高等科の歴史教科書に古跡・古物などの画《え》をとりあげたことについて、次のように述べている。

「高等科の方になると、往々古蹟・古物などの画が出ている。埴輪の画も出してあれば、昔の土器であるとか、武器であるとか、玉であるとかいうものも出してある。これについては精《くわ》しい本文の説明がないけれども、もはや高等科まで来たくらいの児童に対しては、いくらか古代遺物に関する趣味を解させたい。古代遺物を見てはこんなつまらぬものをといって、容赦なく叩き壊わしてはきだめに棄てる様な、そんな無趣味な国民でなく、幾分か古器・古物を尊重する習慣をもつけて欲しい。高尚な学問上の事は別としても、古物によって古代の有様を理解させて、これに関する趣味をも持たせたい意味で、かかる古物の画をも挿入したのである」

教科書『女学校用皇国小史』の中の考古学関係の図

中学校の日本歴史教科書は、文部省の検定によったが、これらの中には、執筆者の考えに基づいて、考古学の事項を含めたものもあった。たとえば、一八九九（明治三十二）年刊行の峰岸米造の『内国史綱』であり、この内容も、まず上巻の第一編は「太古より蘇我氏の滅亡に至る」とし「太古の遺物・太古の伝説」をとりあげている。注目してよいことは、冒頭に石器・土器をとりあげ、次に神話に入っていることである。

「太古、我が国には、穴居未開の土蕃《どばん》ありて、全国に散居しき。是等の土蕃は、石器・土器などを以て、其の用を弁じたり。その遺物は、今も尚ここかしこの貝塚等より発見せらる」と記述している。

また、一九〇五（明治三十八）年、渡辺世祐は『女学校用皇国小史』を著し、この中に、ひさご形古墳（前方後円墳）・石棺や考古学上の遺物の図をも掲げ、「今も多く古墳より、武具、食器、祭器、勾玉、管玉などとともに発見することあり。これらによりて、このごろの風俗を見るを得べし」と。

しかし、これらの教科書には「漢委奴国王」（かんのやまとのなのこくおう）金印のような、日本と中国との古代関係を知る重要な資料は紹介されていない。

中国の属国を思わせるような金印の紹介は好ましくないという、現在では考えられないような、当時の世相が反映していたためである。ただ、私の目に触れたものに一冊だけ、金印を図とともに紹介しているものがある。それは一九一一（明治四十四）年発行の藤田明『中等日本歴史—上級用—』であった。

二〇――遠足会という貝塚の濫掘

一九〇四（明治三十七）年のころから、学会による遠足会の名のもとに、貝塚が濫掘《らんくつ》されるという事態が続けられていた。これは、文化財保護法の施行されている現在においては考えられないような過去の出来事であった。

この学会は東京人類学会であり、その第一回は一九〇四年十月に行われ、これを最初として毎年春あるいは秋に実行された。この会には、会員はもとよりその家族・友人も参集した。あらかじめ地主の許可を得た一定の範囲内の貝塚をそれぞれの地点を選び、あたかも獲物を競いあい、自慢しあうように発掘したのであった。

たとえば、第一回に行われた千葉県市川市の堀の内貝塚については、次のような記事（『東京人類学会雑誌』二二四・明治三十七年十一月）がある。

「一行の中、殊に江見、坪井、水谷、野中、飯田、小南、吉田其他の諸氏は、各々部所を定めて、荊棘《けいきょく》、雑草を切り開き、熱心に発掘を始められたり。木を切る響、

1904（明治37）年の千葉県堀の内貝塚における遠足会の発掘光景（「東京人類学会雑誌」224より）

貝塚を掘る音は、林の中にひびき渡り、忽ち秋の寂寞を破りぬ。小南、飯田等の諸氏はもっとも遠き所にて発掘を始められたり、熱心に、しかも他より深く発掘せられしも獲物はそれに比し何もなかりしが如し、江見氏等の組も力をつくして一所を発掘せられしも、得る所なかりしをもって、他へ転じぬ、江見氏もまたこの仲間たるを免がれざりしか、氏の日頃の気性は、さも怒れる獅子の如く、いかり立て、鍬を肩にし、四五間掘りたる所を掘り始められたり、今日の発掘に一品の珍品だもえざれば水蔭何の面目ありて諸君にまみゆるを得んやと語をはなちたる後は、一言一句の言葉を発するなく、ただ下へ下へと掘り入れられしが、此の熱心なる、土中を掘ることほとんど身長大より深く達せしかば、氏はこれよりますますトンネルの如く一方へ掘り込まれたり、されど天は君に幸を与え給はず、余り珍らかなる品だも得で終りき、当日水蔭君の不得意なる思ひ知らるべし、ただ当日のチャンピオンたりしは、坪井氏等の組にして、そは種々有益なる土器類を獲られたり、さすがに二十年会長の幸福あることよ」

この文の中の江見は江見水蔭、坪井は坪井正五郎、水谷は水谷幻花、野中は野中完一である。江見水蔭は、このころ文壇に知られた小説家であったが、考古学の愛好者でもあり、その関係の著書に『三千年前』『地中の秘密』『地底探検記』がある。これらの遠足会には常に参加し、そのたくましい発掘振りは、この種の遠足会参加の人たちの間で有名になっていた。

その後の発掘は、千葉市の園生《そんのう》貝塚、加曽利貝塚、市川市の姥山《うばやま》貝塚などでも行われた。姥山貝塚では、人骨が発掘され、その後東京帝国大学理学部の人類学教室における学術発掘の動機となった。これについては、第三章四一に述べる。

二二——短詩型文学と考古学

二十世紀のはじめのころの考古学界には、ある種のゆとりがあり、ユーモアがあった。このことは学者たちによる和歌や川柳、俳句などにもあらわれている。私は、このような和歌などをはじめ、詩をも含めて一冊の本の刊行を企画している。ここには遺跡・遺物やその調査に直接かかわりあいのあるいくつかを紹介したい。

まず、坪井正五郎の和歌・狂歌にいくつかの傑作がみられる。

遺跡を歩き、石器や土器片をみつけて採集することは、考古学者の遺跡研究の第一歩であり、好古の人の最も得意とするところでもあり、共通している心情を一首の中に巧みにあらわしている。

・遺跡にてよきもの得んとあせるとき
　心はせつき（石器）胸はどきどき（土器・土器）

・時やいつ遺《のこ》せし人や誰ならん
　探るもかたき石の世のあと

石器時代の年代や人類への疑問を秘めつつその探求・研究の困難なことを、堅硬な石と結びつけている。

・人にして人を知らざ類（る）人多し
　人の事をも学べひとびと

人類学の三字を入れた含蓄の深い和歌である。

次に、モースの大森貝塚発掘に参加した佐々木忠次郎は、やがて茨城県陸平《おかだいら》貝塚を発掘し、日本人として最初の貝塚発掘の名誉をになった。氏はのち、養蚕学の権威となった。かつて、モースとともに発掘した一八七七（明治一〇）年から五十年に相当した年、この貝塚に一本の松樹の立っているのを見て、

・五十路をもすぎにけらしな大森の
　塚の上たかき松一本

と詠じた。

坪井の学問の友であった白井光太郎も歌に巧みであった。東京市本郷向ケ岡で、のち弥生式土器と命名された土器を坪井とともに発見した。また、吉見百穴に対し、坪井が住居論を唱えたのに対し、墓穴説を主張して反駁《はんばく》した。ロシアで坪井の客死したことを聞き、次のような哀悼の歌を詠じた。

・諸共にさぐりし跡はありながら
　きみをふたたび見るよしのなき

・道のためとほき境につかひして

やがてかえらぬ君ぞかなしき

八木奘三郎は、さきにも紹介したが、東京都八王子市の付近で、遺跡から大きい石棒を発見して持ち帰ったときの狂歌に、次のものがある。

・石棒を背負てよたよた八王子
　山坂行けば腰はふらつく

また、茨城県のある遺跡を土地所有者の許可を得ないで発掘していたとき、所有者があらわれ、どなられたので逃げだし、

・土器石器おしくも棄てて那珂川を
　足に帆かけて走る常陸路

と詠んだ。

二一——神籠石は山城か霊域か

日本の古代遺跡の中には、当時として、その築造や経営にきわめて重大な背景があったとされるにもかかわらず、歴史の古い記録の中には、無視されているものもある。

福岡県や佐賀県あるいは山口県などに残る、山城跡すなわち神籠石《こうごいし》といわれているものも、そ

福岡県雷山神籠石の水門石垣

の一例である。

　この山城は、『日本書紀』（巻二七）にあらわれている。天智天皇の四年（六六五）に長門国（山口県）に城を築いたり、筑紫国（福岡県）に大野城などを築いた記事よりさかのぼるもので、大陸に対する防衛のため、古代人がたくましい労働力を発揮して築きあげたのである。山の周りには、巨大な石材がすき間なく並列してめぐらされ、谷間には水門の石壁が設けられている。

　このような大遺跡の存在は近世の地誌などにも紹介されていたが、学問の世界に登場したのは、一八九八（明治三十一）年であった。この年の八月、福岡県久留米市の小林庄次郎が、同市高良山《こうら》に「こうごいし」の名で伝承されている遺跡のあることを聞いて実見し、上京の節、坪井正五郎に知らせたのが、その端緒であった。

　坪井のすすめにより、小林は、この年十二月刊行の『東京人類学会雑誌』（一四―一五三）に「筑後国高良山中の神籠石なるものに就て」を発表した。学界における第一号の発表であった。

　坪井は、この記事に付け加えて、「其規模の宏大なるに一驚を喫せり。実に是れ人類学上の一大事実なれば、諸君の研鑽を煩はさんとす」と述べた。

もとより、坪井は現地を調査せず小林等の報告にもとづく所見を発表したのであったが、八木奘三郎は、一九〇〇（明治三十三）年五月、高良山の神籠石などを回り、調査した。雷山《らいざん》神籠石は、雨中の登山でもあった。

八木は述べている。「是等の大遺蹟を旧に復せし時の有様を思うに、城郭を除きては、他に此類の大工事なかるべしと考う。もちろん城郭の類とするも、後世の風とは自ら異なる趣あり。外敵防禦の際にのみ多く拠有し、平素数多の人員其中に永住せしにあらざるべしと信ず」と。

これは、現代のこの種の遺跡の知見の上からみても、立派なものであった。なお、氏はその時代については、「推古朝より下る事なく、景行帝より上る事なし」とした。ちなみに、推古朝は六二九年で終わっている。

その後、八木は、韓国の古代山城とも共通の要素のあることを知り、山城説の自信を深めた。

これに対し、八木の主張する山城説を否定し、「一種の神籬《かみがき》であり、神のしずまります霊域」となしたのは喜田貞吉であった。

氏は、この遺跡に関心を寄せ、高良山や雷山を訪れ、「かかる大工事は宗教的目的以外に到底考えられない」ということを主張した。

ここに、完全に異なる意見が対立したのであった。今は、山城説に定着している。

二三――奈良で墓誌銅板発見

「左琴右書」すなわち、左の脇に琴を置き右のかたわらに書物を配するということ。言い換えれば、音楽を楽しみ、読書にふけるという生活は、奈良時代の文化人の理想とするところであった。

このような文字をそれぞれ刻し、さらに「神亀六年二月九日」と付け加えた小さい銅板と、姓名・身分を刻したやや大型の銅板とを添えた墓が発見された。文字の上から小治田朝臣安万侶《おわりだのあそんやすまろ》という人物の墓であることがわかった。

奈良時代を中心とするこの種の墓誌をともなう墓といえば一九七九（昭和五十四）年に、奈良市此瀬町の山麓から発見された養老七（七二三）年の銘のある『古事記』の編者太安万侶《おおのやすまろ》のものがあり、大きい話題となった。しかし、つねに発見されるものではない。現在でもおよそ十数例知られているに過ぎない。

小治田朝臣安万侶の墓誌も、この発見例の少ない中の一例である。発見地は、奈良県山辺郡都《つ》祁《げ》村大字甲岡で一九一一（明治四十四）年四月に土地の所有者が茶樹を植栽しようとして偶然発見されたものである。小治田朝臣安万侶という人物は『続日本紀』の中にもあらわれている。和銅四（七一一）年四月のくだりには「従五位下小治田朝臣安麻呂」とあり、つづいて養老三（七一九）年正月のくだりには「正五位小治田朝臣安麻呂」とあり、そのころ朝廷に仕えた官人であることが知られる。墓誌は大きさ縦約三二・七センチ、幅約七・六センチ、厚さ〇・四センチの銅板に、次の文字が刻されている。

「右京三條二坊従四位下小治田朝臣安萬侶大／倭國山邊郡都家郷郡里崗安墓神龜六年歳次／己巳二月九日」

神亀六（七二九）年に亡くなったことがわかる。この年八月には天平元年に改元されている。奈良の都の右京三条二坊に邸宅があったことも知られるが、おそらくその遺骸《いがい》は、ふるさとのこの地に運ばれ、火葬の上、葬られたのであろう。

のち、森本六爾は、現地を調査し、大正十四（一九二五）年「小治田朝臣安萬侶の墳墓」と題して報告している。（『中央史壇』一〇—五）これによると、木製の外棺があったらしい。

小治田朝臣安万侶墓誌拓本

さて、ここで問題にしなければならない一つの事柄がある。それは、副葬品のことで、森本の報告には、発見者の談として何もなかったとなしている。ところが、当時の新聞により、この墓誌板の出土と同時に、金銅作りの刀片・鐔《つば》・環頭及び金鐶類の貴重品をも発見したことを報道しており、木崎愛吉の『大日本金石志』（大正十年）には、このことに触れている。この場合は、当時の新聞のニュースから知ったのであり、森本の記述は、発見者の談によったのである。ニュースの誤報か、発見者のいつわりか。とかくこのような問題をともなうことも教えている。

二四――明治から大正へ

一九一二年は、明治四十五年にあたり、七月から大正と改元された年である。この年、大阪府で、二基の重要な古墳の発掘があった。

その一は、大阪府南河内郡小山村（現在藤井寺市）の大字津堂にある城山《しろやま》古墳であった。主軸の長さ、約二百八メートルと測られている壮大な前方後円墳である。

その二は、大阪府堺市の仁徳天皇陵（大仙陵）の近くにある円墳であるが、陪塚《ばいちょう》ともされているものである。城山古墳の調査には、坪井正五郎が関係した。この古墳に社殿があり、これを取り除き標識を立てるために石材を必要とし、後円部に大石があらわれていたので、それを転用しようとして掘ったところ、大石棺が発見されたのである。この土地の所有者の子に、時事新報社の社員がいた関係で、その情報は、東京の坪井のもとにもたらされ、同社の願いによって出張することになったのであった。

実は、坪井は一九一一（明治四十四）年七月、ヨ―ロッパ・アメリカ・インドに旅行し、この翌年三月二十九日に帰国した。長期の旅をつづけ帰国したばかりであった。しかも、四月三日夜行列車に乗って駆けつけたのである。そのたくましい情熱に心の打たれるものがある。しかし、坪井が現地に到着したときは、既に石棺のふたはあけられ遺物もまた採取されたあとであり、それには、地元の多くの人びとが関係していた。坪井はいう、「最初から立ち合う事の出来なかったのは誠に遺憾の至り。研究資料を得るに付いての責任を有する監督者無しに、遺跡を発掘する事は断じて不可であるといわなければ成りません」（「河内小山村城山古墳」＝『人類学雑誌』二八―七・明治四十五年所収）と。学者として良心的な叫びでもあった。

城山古墳の石棺を実測する坪井正五郎（東京大学人類学教室所蔵写真）

　それから、およそ二カ月をへたあと、仁徳天皇陵の「中央クビレの第三外濠、東へ距《へだ》る数間」のところにあった、径約二十七メートルの円墳が発掘された。これには柴田常恵も東京から駆けつけたが、大道弘雄は「大仙陵碑の大発見」と題して『考古学雑誌』（二―一二・大正元年）に発表した。

　この記事には、「これから注意に注意を払って徐々に土を除いていった、時正に午後七時、はやくも三日月の影は薄く大仙陵の木の間に見え初め、段々と四面暗黒となって来たのでにわかに釣洋灯《つりらんぷ》、龕灯《がんどう》、提灯《ちょうちん》などを穴の中へ持ち込むという未曾有の大珍事を演じなどした」というような興味をそそる内容のものであった。

内部主体は、一種の木棺であったらしいが、大阪朝日新聞が「天下一の大曲玉」として報道した大型の勾玉《まがたま》も発見され、また四獣鏡も出土したという。ほかに管玉・棗玉《なつめ》・丸玉・小玉なども発見されているが、これらの玉は一連の首飾りであったものと思われる。

このような一貫した発掘は、心あるものに刺激をあたえた。そして、黒板勝美の発表となった。このことについては次の第三章二五に述べる。

第三章　栄光のもとに（一九一二―一九二五年）

二五――黒板勝美の意見

一九一二年は、大正元年である。この年七月三十日に明治天皇が崩御された。学会誌は、いずれも哀悼の文を載せ、ことに『歴史地理』は一九一四（大正三）年一月刊行のものを「皇陵」の特集号にした。

前回述べたように、この年に大阪府下において、二基の古墳の発見があったが、黒板勝美は『考古学雑誌』（三―一、大正元年九月）に「古墳発掘に就て考古学会会員諸君の教を乞う」と題する文を発表した。黒板勝美（一八七四―一九四六年）は、この時、東京帝国大学文学部の国史学科の助教授であり、史料編纂《へんさん》官を兼務していた。のちには日本古文化研究所を設けるなど（第四九回に述べる）日本の文化財や考古学の研究にも貢献した学者であった。黒板の『考古学雑誌』への投稿の直接の動機になったのは、この大阪の古墳の発掘、ことに仁徳天皇陵の近くの円墳の発掘であった。

氏は、次のように述べている。

「二カ月ばかり前のことなりき。仁徳天皇御陵の陪塚《ばいちょう》と想像せらるべき古墳が、諸陵寮の調査にもれ、未だ陪塚の中に編入せられざるものあり、大阪なる有志その他の人々相謀《はか》りて之が発掘を試みんとせし事、諸陵寮の聞くところとなり、電報を以て之が発掘を中止せしめしことありしという、然るに更に伝聞するところによれば、この電報の到達せし時は既に発掘終りたる後なりしと、以上の事、固《もと》より吾人が伝聞したることに過ぎずといえども、もし少しなりとも実際に起りし出来事なりとせば、吾人は我が考古学のために一言せざる能《あた》わざるものあり、何ぞや、第一に古墳発掘法の制定せらるべきこと、第二に学術的の発掘に注意せらるべきこと、第三に官憲の更に一層監督を厳にすべきことこれなり」

さらに、その取り締まりを厳しく行うことを進言している。

「終に臨んで余は殊に官憲に向って、新たに取締法案若しくは発掘条令の制定せらるゝと否とにかかわらず、更に一層厳重なる監督あらんことを望む。もっともこの厳重なる監督を遂げんにはまた多少考古学上の知識なかるべからず。その古墳がいかなる形状を成せるやも知らずして、ただ口に監督を加うといふもその効果あるものにあらず。例へばこゝに一古墳ありとせんか、外部より其古墳なりや否やを鑑別すること能わずとせば、開墾を名として実際発掘を目的とするものありても、これが監督の任に当るもの、必ずやこれを看破しざるならん。余はこゝに在地方の考古学会員に向って、その地方に於ける古墳の所在を研究し、先づ之を官憲に告げ、これが監督を厳にせしめられんことを望む。これ実に我が学界のためなり。而してまた国民をして知らざる間に罪を犯さざらしめんが為めにあらずや。あえて草卒筆を呵《か》して卑見を述べ、我が考古学会員の教を乞う。高説あらばこれを示すにおしむなるなかれ」

黒板勝美

大阪府堺市仁徳天皇陵陪塚ともみなされていた古墳の発掘の記事などに憤慨し、恐らく直ちに筆を執ったものであろう。

二六——宮崎県西都原古墳群の発掘

日本の各地にある古墳群の中で広々とした台地に密在しており、しかもよく整備され、はるかに美しい山なみを望む、雄大な環境の中に包まれている代表例としては、宮崎県西都市にある西都原《さいとばる》古墳群をあげてよいであろう。前方部が低く長い柄鏡《えかがみ》式前方後円墳といわれている古墳、男狭穂《おさお》塚・女狭穂《めさお》塚といわれている広壮な前方後円墳は、陵墓参考地として宮内庁の管理のもとに、うっそうとした樹木におおわれて保存されている。まわりに土手と空堀とをめぐらした鬼の窟《いわや》古墳の円墳は、いま整備された姿をみせている。

この古墳群は、日本の考古学史上にも重厚な意義をもっている。それは一九一二（大正元）年から一九一七（大正六）年の間に、当時の県知事有吉忠一が中心となり、東京・京都の多くの関係学者のもとに総合調査というかたちの大発掘が行われたからである。

これは、当時も大きいニュースとして各新聞にとりあげられた。たとえば、大正元年十二月二十七日の「大阪毎日新聞」には、「古墳発掘着手」のことを報道し、「二十五日午前九時宮崎県児湯郡妻町競馬場南御陵墓伝説地にて古代墓塚発掘奉告祭を行う。永友都《つ》農《の》神社宮司祭主となり有吉知事、坂口・黒板・喜田の諸教授、増田御用掛、濱田講師玉串を献じ直に発掘に着手す。此地点は一帯の高原にて林野畑地の間無数の古墳あり、知事の所謂日本の埃及（エジプト）なるもの古来此地に大都会のありし事を想像するに足るべし」という記事を掲載した。文中の坂口は京都帝国大学文科大学教授坂口昂、黒板は東京帝国大学文科大学助教授黒板勝美、喜田は喜田貞吉、増田は宮内庁の御用掛増田干信《かねのぶ》、濱田は京都帝国大学文科大学講師浜田耕作であった。

なお、このほか、この調査には関保之助、柴田常恵、今西龍、鳥居龍蔵も関係している。第一次の発掘は、この日の午後から開始し、翌一月六日まで行われたが、その間、雨で一日、十二月三十一日と一月一日を除く実日数は十日間、しかも、その中二日間は半日だけであった。調査した古墳数は十二基。その中二基の前方後円墳が含まれている。この短い発掘期間で十二基の古墳を発掘したことは、現在では考えられないものがある。

ちなみに、黒板・増田・今西・柴田の調査員が、数え歌を合作した。当時の情景も連想させられる。

一つ　姫塚掘り初《そ》めて
二つ　舟塚ちょっとのぞき
三つ　三穂《みほ》塚手もつけず
四つ　世の中さわがして
五つ　いつまで掘ったとて
六つ　昔が分らうか
七つ　何でもかきまわし

八つ　やたらに掘りくづし
九つ　こまかにしらべても
十で　とうとう分りゃせぬ
　　西都　西都　ちゃかぽか　ちゃかぽか　へいこう　へいこう

二七――柴田常恵のある旅行記

私が、日本考古学史上の先覚について調べているとき、感動を覚えたことの一つは、これらの人々がいかにたくましく考古学に取り組んだかということである。このことは、調査旅行のスケジュールの中にもあらわれている。

たとえば、さきに述べたように、坪井正五郎が長い海外旅行から帰ってからわずか二日おいて、夜行列車で大阪の城山古墳の調査のため出張したことも、その一つである。ここに述べようとする柴田常恵《じょうけい》も一九一八（大正七）年七月一日に富山県大境《おおざかい》洞穴の発見のニュースが新聞に発表されるや、すぐに三日の夜行列車にて現場に駆けつけている。このことは平成十二年七月に刊行された小著『古代遺跡の考古学者』（学生社）の中でも述べている。

柴田常恵には、ほかに一九一二（大正元）年に北九州に旅行したときの日誌がある。これを読むと、いかに熱心に調査の旅を続け、いかに細かくメモをとっていたかがわかる。ここに、この旅行の一部を紹介する。

八月十三日出発の日は、午前三時まで仕事をし、早朝新橋駅を出発し、翌朝名古屋に途中下車している。「六時半に起き出で急ぎ新橋に車を走らし、暑き日中の徐行列車とて多少の苦痛はありしが、静岡辺は眠りて知らず。浜松辺より太陽西山に入りて夕立の気色ありしかば、また暑を訴ふるに及ばず。名古屋に着せしは八時半頃」とある。

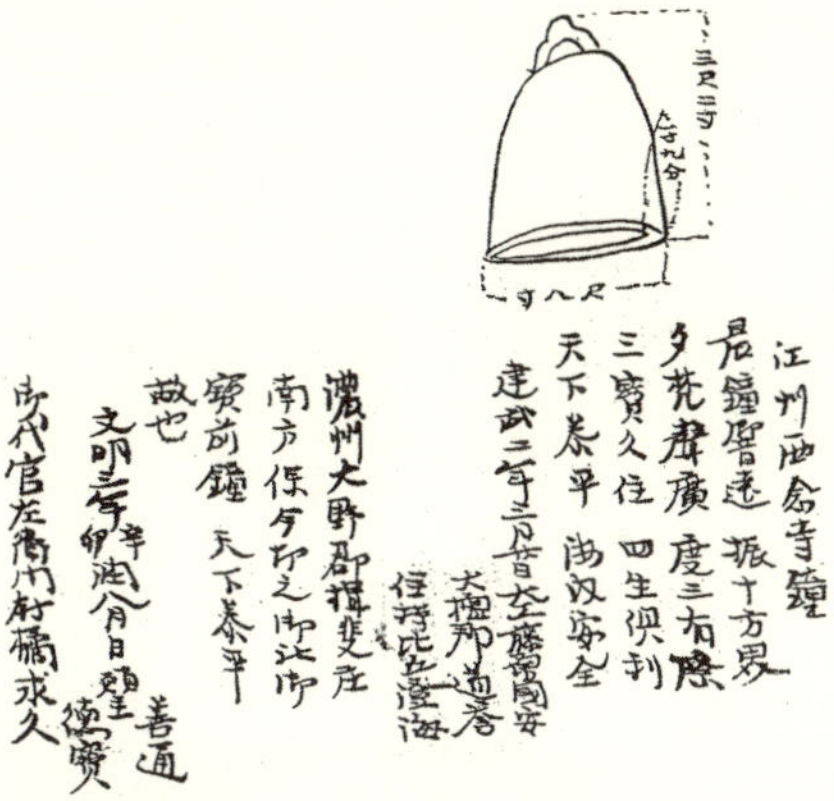

柴田常恵の記録

十八日の行動には、次の一節もある。「一時を過ぎ暑熱殊に劇《はげ》しきも昼餐の便すべきものなければ漸く鶏卵二個をすゝりて直に同町大字長野の萬徳寺に赴く。距離東北へ二三十丁なり」

調査研究の行動にも、たくましいものがあった。十六日には海東郡甚目寺《じもくじ》町（現海部郡）の甚目寺に赴いているが、次のように記している。

「七時に出発して吉浦君と枇杷島郡役所の辺に落合ふ。直に海東郡なる甚目寺に赴き其南大門及び塔婆を撮影す。堂内にかくる鐘は古物にして由緒あれば之れも写真に附すと共に銘文を拓す」と記している。

柴田常恵（一八七七—一九五四年）は、名古屋市出身であり、一九〇二（明治三十五）年東京帝国大学雇となって、理学部人類学教室に勤務し、同三十九年同大学助手となった。坪井正五郎を助け『東京人類学会雑誌』の編集にあたり、また各地の遺跡・遺物の調査に従事した。のち、内務省史蹟考査員となり、その後、慶応義塾大学の講師ともなった。

氏の研究の大きい分野は、歴史考古学にあった。氏は、寺院出身であり、仏教上の教理・教典に明るく、仏教考古学は、最も得意な領域であった。一九二〇（大正九）年には、『仏像綜鑒《そうかん》』という本を刊行、また大正七年には『中尊寺大鑑』をまとめている。雄山閣から昭和十一年に刊行した「仏教考古学講座」では、その顧問的な役割をひきうけた。この種の講座本として最初のものであった。

二八——学術用語の定着

学術用語というものは、どんな学問にとっても難しいものがある。考古学の場合も同じである。現在各県で県史の編さん事業も活発に行われているが、考古学関係の本には、とくに「用語解説」などが付せられている。これらの用語は、中国の言葉が用いられているもので、日本の解釈に誤りのあるものもある。たとえば、「壙《こう》」という字がある。これは本来「墓穴」を意味する。

しかし、日本の学者の中には、掘っ立て柱の穴や貯蔵用に穿《うが》った穴に対しても、この文字を用いた。また、日本の本来の用語の中にも『古事記』や『日本書紀』にあらわれている古典的な言葉が、そのまま用いられているものもある。「埴輪《はにわ》」「勾玉《まがたま》」など、それである。

一方、近世の好古家たちが用いた言葉もある。石冠《せっかん》・車輪石・石包丁などが、その例である。これに対し、二十世紀の初めのころまでに用いられた塚穴・土器塚・神代石・祝部《いわいべ》土器などは現在廃語となっているのに対し、ある時期の世相を反映した用語で一般には理解に苦しむにもかかわらず今なお用いられているものもある。冑《かぶと》に対し「衝角《しょうかく》式」の名があるが、これは軍艦の名称を採用していた。この中には、さらに「眉庇付《まびさしつき》」という複雑な名もある。石製品の「琴柱《ことじ》形石製品」は、琴に関連している。

衝角式眉庇付冑

また、今なお呼び方に間違いのあるものもある。たとえば一つとして古墳の横穴式石室の中で、玄室に通じる部分が、「羨道」の文字が用いられ、「せんどう」と発音され、その入口は「羨門」といわれ「せんもん」と呼ばれていることがあげられる。この部分は、一種の通路であり隧道であり、またこの通路の入口でもある。「羨」の文字で通路などを意味する場合には、「エン」である。「羨」には別に「うらやましい」の意味があるが、この場合は「セン」なのである。したがって「えんどう」「えんもん」といわなければならない。

現在用いられている用語には、新しい学問の進歩によって、なお一層充実し発展しているが、その多くのものが、ほぼ定着をみたのは、大正年間（一九一二―一九二六年）のころからであり、これには、大正二年に刊行された高橋健自の『考古学』がかなり影響している。高橋は、東京帝室博物館に在職した関係で、その陳列品の名称などを統一する必要を覚えており、その名称が『考古学』に用いられている。例えば石器として、石鏃《せきぞく》・石槍《いしやり》・石匙《いしさじ》・石小刀・石錐《せきすい》・石斧《せきふ》・石鈷《せっこ》・石包丁・石環。玉類は、勾玉・菅玉・臼玉・切子玉・棗《なつめ》玉・丸玉・蜜柑玉・山梔《くちなし》玉・平玉・小玉。刀剣は、頭椎《かぶつち》大刀・圭頭《けいとう》大刀・円頭大刀・方頭大刀・蕨手《わらびで》刀・環頭大刀などその一部である。

刀剣の場合、圭頭・円頭・方頭などは、その形の上から採用したものであるが、頭椎大刀は、古典にあらわれている名からとり入れている。このごろ、新聞のニュースには、さまざまな特殊な用語も記されているが、一応このような沿革の歴史も知っておく必要があろう。

二九――竪穴式石室と横穴式石室

大正三年一月に『歴史地理』の増刊号として「皇陵」が発行され、その中で喜田貞吉は「上古の陵墓」を発表した。これは、古墳の概述書でもあり、明治年間の研究からたどりついた古墳研究の総集でもあった。この論文の中で古代の陵墓として研究の材料になるのは、仁徳天皇陵、応神天皇陵、天武・持統天皇合葬の檜隈《ひのくま》大内陵及び聖徳太子墓であることを述べているのは、暗に、他の古代の陵墓は学問的に検討の余地あることをほのめかしたものであり、当時としては、かなり勇敢な発言であった。

つづいて、氏は、一九一四（大正三）年九月から一七（同六）年六月まで七回にわたって『歴史地理』に、「古墳墓年代の研究」を発表した。そして、古墳の編年的な研究を試みた。氏は、これらの論文の中で竪穴《たてあな》式石室と横穴式石室との先後論、或いは棺・槨《かく》・壙《こう》の名称の問題などを述べたが、これに対する異なった見解もあらわれ、大正の初頭はその論争に活発な展開があった。

竪穴式石室と横穴式石室とについては、現在の知見では、竪穴式石室の中にも伝統的なかなりおそくまで存続するものがあるとしても、発達の過程においては、竪穴式石室が古く、横穴式石室が新たに発達したものと認められる。喜田は、石槨（当時石室をこのよ

上　竪穴式石室（奈良県桜井市）
下　横穴式石室（宮崎県西都市）

うに呼称していた）の様式において前期の古墳には竪穴式石槨があり、石棺がその内にあることが通例であり、後期の古墳は、もっぱら横穴式石槨であることを論じた。この論拠には、氏が畿内の古墳を実査し、天武・持統天皇合葬陵や聖徳太子墓などが横穴式石室をそなえていることなどを知ったからであった。

これに対して、高橋健自は『考古学雑誌』（四―七、大正三年）において「喜田博士の上古の陵墓を読む」の文を発表し、「併しながら、我々の信ずるところでは、横穴式石槨はずっと古い時分から行われたものであると思う」となした。そして「而して竪穴式石槨の方は、横穴式石槨に比べるとむしろ後に起って、博士（喜田のこと）の便宜上定められた後期にも行われたことと考えている。随って横穴式石槨の方が竪穴式石槨より古いと思われる」となしたのであった。

氏のこのような論旨の中には、イザナギノミコトとイザナミノミコトとの神話において、イザナミノミコトの死後、イザナギノミコトが黄泉国《よもつくに》に訪ねたことについて、この黄泉国の光景は横穴式石槨に相当するものとなし、この種の石槨を古く考えた点も含まれている。

考古学者高橋健自が歴史学者喜田貞吉に対し、考古学の事実をもって反駁《はんばく》するところが少なく、むしろ神話をも引用し、これを学問的に批判せずになしたことは、論法としても拙劣であった。ちなみに、神話にあらわれている黄泉国が横穴式石室を反映しているということが、学界の定説になっているようであるが、私は、死者を一時仮に安置した「喪屋《もや》」と考えている。

三〇——大野雲外

先にこのシリーズ第八回の「日本人の祖先」（第二章八）に関する記事の中に「コロボックル」といわれた人の絵を掲げたが、これは、大野延太郎の筆によるものである。

大野延太郎（一八六三—一九三八年）は、画家であり雲外と号した。東京帝国大学理学部人類学教室に、講義用の絵を描くために採用されたのであった。そして、考古学に関係のある絵などを描く間に、この学問に興味をいだき、勉強し、考古学者として成長した。とくに、実物を実際にみつめながら絵筆をふるった貴重な体験は、ほかの考古学者の及ばない迫力のある研究ともなったのである。このころ、遺物に対する写真による紹介は発達せず、この点、功績に大きいものがあった。

大野延太郎の縄文土器の文様図

氏は、一九三〇（昭和五）年『考古学大観』という本を著している。この序文は、鳥居龍蔵の執筆によるものであったが、鳥居は、次のように述べている。

「現今、考古学者と自称する人は、

雨後の筍《たけのこ》の如く此所彼所《ここかしこ》に現れて居るが、この時に於て、広い研究と経験ある大野氏のこの出版を見るは、恰《あたか》も高い山から下界を見下ろしたような感がする」

まことに「広い研究と経験ある」考古学者となったのである。氏は、福井県坂井郡丸岡町の出身であった。一八八〇年、東京の絵画の塾で学び、絵筆によって生活していたが、一八九二年、人類学教室の助手として、採用されたのであった。

一八九八年には、沼田頼輔と共著で『日本考古図譜』、続いて一九〇一年に『模様のくら』、一九〇四年には、『先史考古図譜』を著して学界を驚かせた。この本には、カラーによって、土偶・土製仮面・土器・石器なども収められており、その描写もさすが巧みなものがあり、これによって「目に見る考古学」を普及させたのであった。その後一九〇七年に『人種紋様』を著したが、これらは図写を中心として、これに解説を加えているという形式が多かったが、紋様の観察と考察などに、さすが他の追随を許さぬものがあった。

論文や報告文でも、「先住民とアイヌの紋様に同一性質を現わしたる例」の中では、「如何なる分子の種類が変化しようとも特徴あるものは容易に消滅しないものである。これは一寸《ちょっと》見ても直に解ろう筈はない。多少専門の智識を要することであるから中々難かしい。故に紋様の多いと少ないとは問題にならぬ。如何に多いからとて、小数の特徴あるものには、及ばない。この条件を基礎として今日まで紋様を調べておるのである」と述べている。

紋様研究者としての彼の研究態度をも示している。また「紋様の比較研究」では、アイヌ、ギリアーク、オロチョン等の製作品の紋様を互いに比較している。「先住民製作の土器紋様の分子に就て」では、紋様の分子を幾何学式紋様と自在画式紋様となし、この二種を併用した紋様を土器の表面に営んだとなしている。

三一――邪馬台国の所在地論争

中国で、晋の時代に陳寿という人物によって編集された『三国志』すなわち魏・蜀・呉の歴史書のうち「魏」には「倭人伝」があり、そこに邪馬台国・卑弥呼が登場している。その字数はおよそ二千三百字ぐらいである。

この二千三百字余の文字の内容が、近世から現代に至るまで、いかに日本史あるいは考古学の学界その他の学界に多彩な問題を提起し、いかに人々に魅力をもたらしたであろうか。そして、今なお、問題は、尽きることなく二十一世紀に引き継がれようとしている。

邪馬台国の位置の問題に関する考察は、一九一〇（明治四十三）年、九州説をとる白鳥庫吉と大和説をとる内藤虎次郎とが対立し、それ以来、活発な論争が展開された。これについて、一九二〇（大正九）年、考古学者がその見解を述べたことは、考古学自体の学問的な進歩をも意味するものであった。

まず発言したのは、古鏡の研究者、富岡謙蔵で、大正九（一九二〇）年であった。

氏は、中国から将来された古墳発見の鏡が、畿内に多いことから「邪馬台国は当然大和に当つべきものなるを思う」と説いた。

一方、梅原末治は、大正十年十月に刊行された『佐味田及新山古墳研究』において、富岡謙蔵の説を継承し、更に新資料をもととして、邪馬台国の問題に触れ、「邪馬台国即ち大和」とした。高橋健自もまた、大正十一年九月、考古学会総会において「考古学上より観たる邪馬台国」と題して講演し、その所説を『考古学雑誌』(一二―五)に発表した。「漢・魏時代に属すべき立派なものがさかんに近畿より発見されるに反し、九州地方がいかにも希薄である」となした。

古墳あるいは出土の鏡について最も深い研究をつんでいた富岡謙蔵・高橋健自・梅原末治の見解は、遺跡・遺物という厳然たる徴証物件をもとにしたことにおいて、文献史家による邪馬台国位置論に対し、一石を投じ、その大和説を是認する上の有力な味方となり、あたかも考古学の上では邪馬台国は大和に間違いないという定説的なものになってしまった。

しかしながら、このような考古学の成果に、堂々と反対の矛先を向けた学者もいた。かねて邪馬台国を北九州と確信していた橋本増吉であった。氏はまず『史学』(一―三・四、大正十一年)において、「邪馬台国の位置に就いて」と題して反論した。また、氏はこれに従うべき理由を認めないとして、記録を無視し、しかも長年月にわたって製造の可能性を有し、かつ移動性大なるべき鏡鑑に依頼してこれを解決することは「難事中の最大難事」となしたのであった。

それから八十年経過したいま、古墳の新発見の鏡などの上から、畿内説が定着しつつある。しかし、考古学者は先入観を捨て、倭人伝の内容批判ことに「鏡百枚」とか、塚の「径百余歩」などの記事を批判するとともに、鏡が大陸からもたらされた複雑な背景や伝世あるいは伝播の問題を考え、その上に立って論ずべきであり、その課題は二十一世紀に残される。二〇〇一年三月早くも石野博信氏による『邪馬台国の考古学』が刊行された。

三二——鳥居龍蔵『有史以前の日本』

徳島県鳴門市の妙見山公園の一角に、県立鳥居記念博物館がある。徳島県の生んだ人類学者・考古学者鳥居龍蔵を記念し、関係した資料を展示しており、二男にあたる龍次郎氏が、そこにおられた。私も二、三度訪れ、在りし日の鳥居龍蔵の活躍をしのんだのであった。

十九世紀の終わりのころ、すなわち明治の終わりのころから、大正を経て昭和の初頭に及ぶ二十世紀の前半のころ、日本の考古学界に、あたかも夜空にかがやく巨星のように、大きい存在を示したのが鳥居龍蔵（一八七〇—一九五三年）であった。

鳥居龍蔵

氏は、一八九〇（明治二十三）年、二十歳のとき上京し、その後東京帝国大学で坪井正五郎の指導を受けた。鳥居は坪井の講義に対しぐにはがきを出し、内容についての感想などをしたためたほど（このはがきは、今、私が所蔵している）熱心な勉学であった。その後の鳥居は、台湾・北千島・中国本土に、その足跡を印した。日本の国内の調査研究にも活発であったが、大正のころは「鳥居龍蔵来たる」のニュースは、地方新聞に大きく取り上げられた。

氏の日本関係の考古学の古典的な名著になっている本に『有史以前の日本』と題するものがある。この本は一九一八（大正七）年に刊行されたもので、一九二五年に改訂版として再版されている。この本の刊行には、当時大阪毎日新聞社の社長であった本山彦一が関係している。

大正六年のころは、畿内に石器時代の遺跡があるかどうかは、疑問に包まれていた。本山は、大正六年の春、鳥居のもとに「畿内石器時代の遺跡の有無を実際に探査し、これを確定せんために特に当地に出張ありたい云々」と申し込んだことが、機縁となったものであった。鳥居は、この本の中に、「閑却されたる大和国」などの文を収めているのも、このときの調査の成果であり、文の中には、「従来、畿内の縄文式文化が無視された傾向のある中で、土器が存在する」ことを述べ、これを「アイヌの使用したもの」と考え、「石器時代の畿内にはアイヌと弥生式土器を使用した固有日本人とが雑居していた」となした。

また、この種の土器に厚手と薄手とがあり、厚手派というべきものは海岸を離れた山ノ手方面、薄手派は貝塚を多くともなうとし、いわば山地の部族と海岸部族にわけ、「同時代異邦族説」をとなえた。大正六年のころから、この考えをもったらしいが、東北アジア等の知見をもとにした新しい着想であった。

『人類学雑誌』（三三―八、大正七年）に松村瞭《あきら》は書評をなしている。その中には、「著者は本書中にも多方面にわたりて常に亜細亜大陸其他との比較研究を務められたるは敬服する所なり。是れ著者の二十余年の久しき日本四隣の諸人種に関して、親しく実地調査せられたる賜物と云うべく（中略）学界に貢献すること大なると共に斯学《しがく》に志す者にとっては、無二の参考となるべき良書として一本を備うべきを勧むるものなり」と。

三三――江見水蔭の批判

磨石斧《ませきふ》を洗う清水や太古より

考古学ファンであり、採集家であった一人の人物が、ある貝塚の土地を踏んで、小発掘を試み、土にまみれた磨石斧を発見した。彼は、近くに流れていた渓川の清水で、これを洗った。きれいになり、なめらかで光沢すらあらわれた。この石斧を一人静かにながめた。そして「この清水もまた、石器時代の集落のほとりを流れていたのであろう」と想《おも》いながら、ふとこのような俳句をつくったのでなかったろうか。私は、こんな想像をめぐらしながら、この俳句の短冊をみつめたのであった。

この作者は、江見水蔭《えみすいいん》（一八六九―一九三四年）であった。明治の文壇で知られた水蔭は、考古学の愛好者であったのである。その著の一冊の『地底探検記』は、二〇〇一年三月に雄山閣から復刻され、私は、この本の中に一文を掲載したが、ほかに『三千年前』『地中の秘密』など考古学にゆかりのある本も著した。

氏が自ら各地の貝塚を歩きまわり、たくましく発掘したことは二〇回の「遠足会」で述べた。採集した遺物は、自宅に「太古遺物陳列所」を設けて公開していた。考古学界においては、大学の研究者とは一線を画した特異な存在であった。しかし、それだけ、貝塚の所在などは、よく知り、また情報網も広く張られていた。

私の手もとに、江見水蔭が東京帝国大学理学部人類学教室の柴田常恵にあてた一通の手紙がある。それは、柴田が編集し、一九一七（大正六）年に「東京帝国大学」を「編纂兼発行者」として刊行した『日本石器時代人民遺物発見地名表　増訂第四版』に対する感想を記したものである。この文の中には、地名のミスや所在もれの遺跡などについて、こまかく指摘している。

西春近村の誤りにて南赤木は／たしかにある由申し候。

岩代河沼郡芹沢越は／芹草越の誤りの由

序につき申上候。

常陸行方郡の条に（一四九頁）／同村●同字○東坊、貝塚　石棒　高嶋／多米治とあり、其前には玉川村井上の／諸遺跡を並べあれば同村同字とは玉川／村井上の事ならんが井上付近は小生可／成り委細に調査したるも東坊貝塚ある／を知らず。同頁に行方村●於下○東坊、／貝塚　大野延太郎とあり、此東坊と別／に井上東坊あるわけにや『行政区別便覧』／には玉川村川村井上と行方村於下と両所に／東坊の小字なる様記入有之や御教示を得た／く存じ候。（●○は原文の

まま）

終わりには、編集の苦心を高く評価しつつ、『人類学雑誌』や『考古界』の「大学中心の編集は、いかにも学術的に忠実である」とたたえつつ、さきにも述べたように、「在野党、掘り屋にも相談あってしかるべし」と皮肉をまじえ、しかも「隔意のない一場の座談と御一笑されたい」と結んでいるなど、いかにも水蔭らしくその人柄があらわれている。

三四――史蹟・名勝・天然紀念物

第一一回で「古蹟」に対する愛護運動の高まりについて述べたが（第二章一一）、一九一四（大正三）年には、史蹟名勝天然紀念物保存協会から『史蹟名勝天然紀念物』という機関誌が刊行されるようになった。これは、現在のA３判の大型で八ページから成るものであったが、全国の人たちに愛護思想をますます向上させた。第一号には会長の侯爵、徳川頼倫が祝辞を述べている。

「保存の手は少し、しかも破壊の手は多し。事常に隠微の間に行われて、世多く問わず。人また知ること少なし。故に本会の事業を実にするは、単に限りある本会の力のみを以てしては、到底其目的を達成し得べきにあらず。郷土は、本会のみの郷土にあらず。郷土の美も、亦本会のみの愛重する所にあらず。されば郷土の心ある諸彦が、広く本会の趣旨を認識して、各々其事に従わるるを望むの外、本会の趣旨を実にし得るの途あることなしと信ず。現に地方に於て、最も有効なる一例とすべきものを挙ぐれば、各地方に於ける文教の中心ともいうべき学校に於て、史蹟は固より、名勝及び天然紀念物の如何に貴重なるかを聞き得たる教職員諸彦と生徒諸子とが、率先して之が保存に従事したるの効果、其れ如何に至大なりしかに在り。地方の人心、之が為めに大に動き、自覚して始めて之が保存の道を講ず」

一九一九（大正八）年に至って、史蹟名勝天然紀念物保存法が公布され、考古学上の遺跡として重要なものは、国の史跡として指定されることになった。これと関連し、各地においても、史跡の調査事業が活発化し、それぞれの土地の研究者は、現地を調査し保存策を講ずるとともに、その調査の成果を報告書にのせた。これらは、地域考古学界の発達をうながした。また、当初の所管の官庁であった内務省にも「史蹟考査員」を配し、全国にわたって重要な史跡を調査するとともに、法律にもとづく史跡の指定に力をつくした。このころの史蹟考査員には柴田常恵・上田三平がいた。

私は、柴田氏が所蔵していた一括の書類を保存しているが、この中に、大正十三年のころの議案がある。表紙に、自ら署名して綴《と》じているが、大正十三年十月二十八日史蹟名勝天然紀念物調査会長若槻礼次郎の名で、

「明二十九日午前十時内務省会議室ニ於テ史蹟ノ部主査委員会ヲ開キ候間御出席相成度候」

という通知も綴じられている。和紙に謄写版刷りである。調査会の名簿もあったが、委員とし

て、三上参次・白井光太郎・黒板勝美の名があり、臨時委員に、関野貞・佐藤伝蔵が見え、考査員として、宮地直一・増田于信等とともに柴田常恵の名が記されている。

史跡の保存事業の草創期にあたり、柴田は、各地に旅行し、史跡の調査を積極的に行った。その業績は、内務省刊行の『史蹟調査報告』に掲げられ、中には考古学関係のものが多く、基本的な資料となった。

三五――森鷗外の帝室博物館総長時代

一九〇〇年、従来の帝国博物館は、帝室博物館と改称された。そして、帝国博物館は東京帝室博物館、帝国京都博物館は京都帝室博物館、帝国奈良博物館は奈良帝室博物館となった。

そして、一九一七年、森林太郎（一八六二―一九二二年）が帝室博物館総長となった。森林太郎は森鷗外である。陸軍では陸軍軍医総監となり、軍医として最高の地位にあり、文壇では広く知られ、かつ医学博士・文学博士の肩書をもつ。その鷗外が宮内省の人事により、総長となり図書頭をも兼ねたのであった。しかも、正倉院御物をも管理するという責任ある地位にもあった。公爵・元帥山県有朋の推挙によったという。

森は、一九二二年、その現職のまま死去した。在職四年余の短い期間であった。このころ東京

森鷗外総長の頃の帝室博物館（『東京国立博物館百年史』より）

帝室博物館にあって歴史部長として、三宅米吉がおり、高橋健自もまた、東京帝室博物館学芸委員をへて、のち歴史部次長として、三宅米吉を助けており、上司として森があったのである。

森が就任するや、高島米峰は、（『中央公論』三三―一二）に「新任博物館総長森林太郎博士に与へて博物館の革新を促す」と題して、八項目にわたって述べている。これは、須田喜代次氏の「鷗外と帝室博物館・図書寮」（山崎国紀編『森鷗外を学ぶ人のために』一九四所収）にも紹介されているが、「その本館と称するもの以下、各種倉庫に至るまで、すこぶる旧式なるが上に老朽に近く、ただ打ち見たるだけにても、我が国唯一の帝室博物館として、甚だ貧弱を感ぜずむばあらざるなり」として、建物・施設の老朽化を訴え、その改善を述べている。

また、「目録の備えこれ無きがために、博物館には、現に陳列せられたる材料以外に、果して幾何の材料の蓄へあるかを知るに苦しまざるべからず」となし、観覧者・研究者のために「各部の目録を大成して、これを発売すること」をも述べている。なお、『東京国立博物館百年史』（昭和四十八年）には、森総長は、その在任中図書寮と博物館と一日おきに出勤したことや、正倉院では、開扉中は軍服帯剣で終始事務所に詰めていたことを記している。「奈良五十首」の中に、次の和歌もある。

・晴る丶日はみ倉守るわれ傘さして
　巡りてぞ見る雨の寺々

なお、『博物館ノ思出』（東京国立博物館・昭和四十七年）の中に、次のような思い出が載せられている。

「森総長は夜の睡眠が三時間ぐらいだったとか、とにかく朝の六時にはもう上野にみえていました。そのころ五十七、八歳でしたろうか。乗物といえば、自動車はありませんから、森総長の場合は馬か人力車ということになるのでしょうが、団子坂から東照宮下までいつも市電にのってこられました。サーベルを下げた軍服姿で、雨の日はマントをきておられました」

三六――喜田貞吉の銅鐸隠匿説

銅鐸《どうたく》は日本の弥生時代の青銅器として、銅剣、銅鉾《ほこ》等とともに、このころの文化の在り方を示す上の重要な資料を提供している。

この発見のもっとも新しいニュースは、二〇〇〇年三月静岡県磐田郡豊岡村で、学術的な調査

銅鐸の出土状態（静岡県豊岡村から平成12年発見）

により一口が発見されたが、この地からは、既に一九〇〇（明治三十三）年、二口が発見されており、合わせて三口となった。

　銅鐸は多くの場合、工事とか開墾の際、偶然に発見されている。のちに述べるように神戸市桜ケ丘や島根県簸川郡斐川町荒神谷、大原郡加茂町加茂岩倉遺跡でも同じケースであった。

　銅鐸の研究としては、梅原末治による『銅鐸の研究資料編』があるが、これには「考察編」はなかった。その後、この本は、佐原真氏により新たに補充されて、昭和六十年木耳社から復刊されている。のち佐原氏は講談社刊行の「歴史発掘」シリーズの中に『祭りのカネ銅鐸』を著した。一九九六（平成八）年、題名に示されているように、銅鐸を「神を祭る道具」とし、その埋没の理由についても、従来の諸説を紹介しながら「何か信仰とのかかわりで埋納したとみるべきでしょう」と述べている。

　銅鐸が、なぜ埋納されたかは、今後二十一世紀に残された課題でもあるが、この場合、喜田貞吉が早く隠匿説を唱えたことは、学史の上に残されてよいものであろう。

　喜田貞吉（一八七一―一九三九年）は、徳島県出身で、帝国大学（東京）文科大学国史科を一八九六（明治二十九）年に卒業している。のち、文部省図書審査官になり、東京、京都文科大学の講師となり、一九二〇（大正九）年には、京都帝国大学教授となった。喜田は一九一八（大正七）年八月に、『歴史地理』（三二—二）に「銅鐸考」と題する論文を発表した。その中に次のような文がある。

「斯《か》くの如く其の形大に、殊に当時に於て甚だ貴重なるべき筈の物品が、ただ一個二個のみならばいざ知らず、甚だ多数に自然埋没に委したりとは、到底想像し得べきにあらざるなり。銅鐸果たして人為的に、故意の埋蔵によりて、地中に保存せられたるものとなりせば、そは必ず墳墓に副葬するか、神祇《じんぎ》を祭祀《さいし》するに用いしか等の、宗教的事情に基づくものか、然らずんば他の略奪を恐れて、これを隠匿せしものなかるべからず。此の以外に於て、斯くの如きの貴重品を、甚だ多く土中に委することは、到底これあるべからざるなり」と疑問を抱きながら祭祀のために埋めたことについて批判している。

すなわち、「余輩は是が祭祀の為に埋められたりとの想像を容る丶の余地あるを知らざるなり。もし宗教的原因より銅鐸を埋蔵せんに、何ぞ常にこれをのみ単独に埋めて、ほとんどすべての場合において毫《ごう》も他の物品を顧ることなかりきと想像するを得んや。ことごとく故意に隠匿して、略奪者の手より安全なる場所に保存せんと謀りしものなりと解するなり」と。現在一応味わってよい内容である。

三七――浜田耕作の『通論考古学』

浜田耕作については、既に述べてきたが（第一章四）、一九一三（大正二）年には、京都帝国大学文科大学の助教授になった。その後、一九一六（大正五）年には、同大学に初めて考古学講座の開設を見るに至った。日本の大学で考古学講座が設けられたのは、これが最初であった。浜田は、考古学教室の新たな事業として、北九州の装飾古墳や、大阪府の国府《こう》遺跡、鹿児島県の指宿《いぶすき》遺跡、出水《いずみ》貝塚、熊本県の轟《とどろき》貝塚などを同教室の梅原末治・島田貞彦の協力のもとに調査し、順次報告書を出版した。これらの報告書は、日本の学界に、調査の方向や報告書の在り方に示唆をあたえ、日本の考古学の前進に貢献した。浜田は一九一七（大正六）年に教授になった。一九二一（大正十）年には、大阪府下で新たに発見された、吉利支丹関係遺物の調査、つづいて翌年には、大分県臼杵市の石仏を調査し、歴史考古学の分野にも活躍したが、一九二二（大正十一）年『通論考古学』をあらわした。四六判で二百三十ページからなる。

第一編「序論」（考古学の定義、その範囲、他学科との関係）、第二編「資料」（遺跡遺物の種類）、第三編「調査」（発掘の方法、調査の方法）、第四編「研究」（資料の整理鑑別、特殊的研究法、時代の決定等）、第五編「後論」（考古学的出版、遺跡遺物の保存、修理、及び博

浜田耕作

物館）の内容で構成されている。

現在、考古学史上の名著の一冊に数えられているものである。もともと、大学の夏期講習で講義した一部を補正し、かつ『史林』に「考古学研究の栞」と題して連載したものをもとにしたものであったが、浜田は、序文に次のように述べている。

「世に考古の趣味を有し、その研究に携わるもの漸く多きを加うるも、考古学の目的と、その研究法を説きて、之が科学的指針を示せる著作至って尠《すくな》し。是れ単《ひと》り本邦において然るのみならず、欧州学界に在りてもまた憾《うらみ》を同うす。妄《みだり》に空義を論じて、実際を顧ざるは、固より吾人の取らざる所なりと雖《いえど》も、斯学の本質を明にすることなく、その研究法を尽さずして、資料を取扱い、論議を進める結果、折角の努力もその価値を減じ、学術的使命を完《まっと》うせざるもの多きに終るは、深く惜しむ可しとなす。今自から揣《はか》らず此の小篇を公にする、這般《しゃはん》の欠陥を補いて、初学入門の指導たらしむる意のみ。しかも説く所は、この綱要に過ぎず、精義に至りては、実地実物により詳密を極むるに非ずんば、能くする所にあらざるなり」。以上の文である。

この文は、堅硬な文語体であり、しかも難しい漢字も使われているが、それだけ簡潔な名文でもある。なお、この本は角田文衛氏の解説のもと一九八〇（昭和五十五）年に雄山閣から復刻された。「考古学を研究するための、必要最小限の基本事項を、わかりやすく実際的に記述した永遠のテキスト」と評している。

三八——箸墓は卑弥呼の墓？

二〇〇〇年三月二十八日、各新聞は、奈良県桜井市大字箸中《はしなか》にある箸墓といわれている前方後円墳が、卑弥呼の墓であることが、年輪測定の上から明らかにされたと大きく報道した。この箸墓は、宮内庁によって管理されており、倭迹迹日百襲姫命大市（やまとととひももそひめのみことおおいち）墓の名で治定されているものである。邪馬台国が大和であるという説が、次第に高まっている折柄、卑弥呼の墓が決定したというニュースは、大きい話題ともなった。

しかし、学問的にはなおいくつかの問題があり、考古学研究者はあくまでも慎重な態度をとらなければならない。私は、このニュースを知ったとき、既に早く七十五年前、大正十四年に徳島県にいた一人の考古学者が、邪馬台国を大和とし、卑弥呼は倭迹迹日百襲姫命となしたことを想起したのであった。そして、いま再びその研究の歴史が繰り返されていることに、学問的な奇縁を覚えたのであった。

さて、笠井新也（一八八四―一九五六年）は、一九〇六（明治三十九）年、国学院大学を卒業した歴史学者であった。一九一七（大正六）年からは帰郷して中学校で教べんをとっていた。同郷の学者に喜田貞吉・鳥居龍蔵がおり、この二人とともに徳島県の生んだ三人のすぐれた学者の中に入れられている。

笠井は邪馬台国・卑弥呼に学問的な深い関心を寄せ「邪馬台国は大和である」（『考古学雑誌』

箸墓古墳

一二―七、大正十一年三月）、「卑弥呼時代に於ける畿内と九州との文化的竝に政治的関係」（同一三―七、大正十三年三月）などの論文を発表した。さらに大正十三年四月には、『考古学雑誌』（一四―七）に「卑弥呼即ち倭迹迹日百襲姫命」と題する論文を掲載した。

「卑弥呼について卑弥呼の活動年代は、あたかも崇神天皇の時代に当たっており、更にくわしくいえば、彼女の死は、天皇の崩御に少しく先だつものであることは殆ど確実というべきである。されば卑弥呼を我が国史中に求めようとすれば、必然崇神天皇の朝に求めなければならないのである」と述べ、

「余輩は日本書紀を読んで崇神天皇の条に至る毎に、当朝に於ける女性の第一人者ともいうべき倭迹迹日百襲姫命の人物事蹟が、魏志にいわれる卑弥呼のそれに酷似することを感じざるを得ないのである。否、この倭迹迹日百襲姫命こそ実に我が古代史上のスフィンクスたる卑弥呼そのものであろうという推定に到達せざるを得ないのである。以上対比考察の結果は、両者即ち卑弥呼と倭迹迹日百襲姫命との人物・事蹟は大体において一致しているものといってよかろう。既に年代の一致あり、しかしてまた今その人

物・事蹟の一致あり」となしたのであった。

この論文は、発表の当時ほとんど無視されたようで次第に立ち消えになったが、今再び勢いよく燃え上がった。もっともそう簡単に決定されるものでなく、私自身は箸墓の年代観については別の考えをもっている（終章九七参照）。とにかく二十一世紀への課題でもある。

三九――西村真次の遺物整理法

西村真次という名は、日本の考古学界において、とくに若い研究者の間には、あまり知られていないかもしれない。しかし、大正のころから昭和のはじめにかけて、日本の史学界あるいは文化人類学界に、そして考古学界にはなやかな活動をした人であった。

試みに、その著書をみても『日本文化史概論』『日本古代社会』『日本古代経済』『文化移動論』『日本人とその文化』『史的素描』『南方民族誌』などあり、『万葉集の文化史的研究』のように、万葉集を文化史の方面から観察した本もある。とくに、古代船舶の研究にもたくましく『日本古代船舶』の著があり、造船協会からは、英文による「日本古代船舶研究」のシリーズをあらわしている。

また、特殊な趣味的な余技としては、蟬《せみ》の研究をなしており、一九〇九（明治四十二）年に

『蟬の研究』をあらわしている。考古学関係の報告書として、昭和十三年に山形県郷土研究会発行の「郷土研究叢書」に『置賜盆地の古代文化』の一冊をまとめている。以上述べたところによって、氏がいかに多彩な研究をなしたかが知られよう。

西村真次（一八七九—一九四三年）は、三重県宇治山田市（現伊勢市）の出身であり、一九〇五（明治三十八）年、早稲田大学の国漢文科及び英文科を卒業した。その後、一時朝日新聞社につとめ、また冨山房から刊行された雑誌『学生』の編集にも関係した。一九一八（大正七）年、早稲田大学で教べんをとり、史学を講じ、一九二八（昭和三）年、文学部史学科教務主任となった。

氏は、大正十二年四月に『科学画報』（二—六—二）に「有史前の遺物と其の整理法」という記事を載せている。はじめに一記者の言葉として、「有史前の遺物には貝塚があり、古墳がありそれ等の発掘物中には、石器、土器、角器、骨器、貝器、銅器、青銅器、鉄器等があり、これらは、いずれも其時代と其時代の文化を物語るものとして、研究者に無限の興味をそゝるものであることは読者諸君の御存じのことと存じます。しかして是等の興味ある遺物は日本国中野に山に到る所に横たわっています」

「諸君は諸君の心掛け一つで一挙手一投足の労によりそれ等の遺物を得られます、けれど是等の遺物は、漫然と蒐集しただけでは何の興味もありません。蒐集したならばこれを有意義に整理することを心掛けねばなりません。真の考古学的興味は蒐集遺物の整理によって初めて湧然として起って来ます。それではどのようにしてこれを整理するか、これをここに西村教授に乞うてこの一編を御願した理由であります」（難しい漢字は改めた）というようなこのころの考古学界の一つの流れを示すものである。

西村は、この文の中で、地域の整理、人種的整理、分類的整理、形態的整理、目的的整理、比較的整理、技術的整理、作業的整理、年代的整理、層位的整理、発生的整理に分類しており、西村の学風の一端もみられる。

四〇――好奇心あふれたモース

明治の黎明《れいめい》期にあたって、ヨーロッパやアメリカから日本に来て、政治・法制・財政・開拓・産業等に貢献した多くの人びとがいた。

これらの人物の功績については、かつて昭和五十四年前後、鹿島出版会から『お雇い外国人』のシリーズとして、全十七巻にわたって刊行された。この中で考古学に関係ある人としてジョン・ミルン（一八五〇―一九一三年）がおり、ゴーランドがおり、モースがいた。

ジョン・ミルンの名はあまり考古学界では知られていないかもしれないが、イギリス人で鉱山学を学んだ人であり、日本の工部大学校（現東京大学工学部）に招かれたが、日本の地震学研究の基礎を築いた人ともいわれている。氏は、日本に就任したときは、二十五歳であった。シベリア横断という大旅行をつづけて来日した。北海道で小樽市の手宮洞穴の彫刻が発見されるや、この地を訪れこれを図写して、考古学上の功績も残した。

ゴーランドについては既に述べた（第二章七）。

さて、モース（一八三八—一九二五年）は、一八七七（明治十）年、大森貝塚を調査したことにおいて、日本考古学の開祖ともいわれている人であるが、東京大学のお雇い講師をつづけ、明治十五年再び来訪している。いったん母国に帰ったあと二度目のときは、陶磁器の収集に主な目的があった。

モースの『日本の家とその環境』の中の挿絵

氏の専攻は、動物学であったが、陶器はもとより天文学・建築学などにも学識が深く、外交手腕にも秀でており、のちの総理大臣大隈重信は「もし、モースが外交官であったらおそるべき敏腕家ならん」と嘆じたという。また、絵も巧みで、両手を自由に使う器用さがあったという。「挙動敏活・快活・親切・爽快《そうかい》」など、氏に寄せられている評価でもある。モースは、大正十四年八十八歳で死去している。日本の各新聞も、その死を伝えて哀悼の意を表している。

『東洋学芸雑誌』、『人類学雑誌』は、大正十五年二月号をもって追悼号を特集して、大学時代の教え子たちがしのんでいる。この中で、岩川岩次郎は、好奇心に強い人として、一つのエピソードを紹介している。それは、「大森貝塚の帰り、品川辺で酒に酔った女性を見つけ、その行動を見届けるため、銀座辺まで歩いて、後をつけた」という。いかにも好奇心という言葉にふさわしい行動というべきである。

なお、モースは、一八八六（明治十九）年、ボストンで『日本の家とその環境』（あるいは『日本の家とその内と外』とも訳されている）を刊行した。一般の家の内部構造、庭園等にわけて、得意のスケッチを添えてくわしく述べている。菊版三百七十二ページにもわたり日本の家の全貌《ぜんぼう》を紹介した。すばらしい内容である。

私は、この本が、建築史家による解説を加えて美しい装いのもとに翻訳されたなら、このころの日本人の生活様式がかなり深く理解されるものと思っている。

四一――姥山貝塚とスウェーデン皇太子

一九二六（大正十五）年の秋、千葉県東葛飾郡大柏村（現市川市柏井町）にある姥山《うばやま》貝塚が、東京帝国大学理学部人類学教室により、調査された。人類学者小金井良精・松村瞭、考古学者八幡一郎・宮坂光次等が行った。これは一遺跡の発掘であるとしても、二つの大きい意義があった。

その一は、考古学の研究者として知られているスウェーデン皇太子がこの秋、来日されるので、宮内省では「殿下歓待ノ一儀トシテ」考古学上の遺跡を案内することとなり、姥山貝塚が選ばれたことであった。

その二は、千葉県の下志津飛行学校に頼み、航空写真を撮影したことであった。このことは、日本国内において、最初の試みであり、垂直写真撮影であったのである。

さて、姥山貝塚は、東京に近い関係で、多くの考古学のファンが訪れ、それぞれ小発掘も試みられてきたが、この発掘の直接の誘因は既に述べたように、一九二六（大正十五）年五月九日、東京人類学会主催の遠足会であつた。この遠足会の記録は、『人類学雑誌』（四一―六、大正十五年）に紹介されているが、会するもの百五十名に達する盛況であり、その際の発掘で、炉址《ろし》と人骨とが発見された。

遺跡の重要性も考えられたので、人類学教室は学術調査に踏み出した。五月十三日から宮坂光次等によって行われ、楕円形のプランをもつ竪穴住居跡の顕現に成功し、炉址が住居址の床面にあることを明らかにした。この調査は、六月二十八日に終了した。住居址七、甕《かめ》棺二、人骨大人四小児二、その他多くの土器・石器の発見があった。その重要性から、八月二十七日より十月二十日まで再調査された。

この調査には、スウェーデン皇太子が参加された。この経過について、松村瞭は、報告書『下総姥山に於ける石器時代遺跡』（昭和七年）に、次のように記している。

「時恰《あたか》モ同年秋ニハ、考古学ノ王子瑞典皇太子殿下ガ来朝サレル予定デアツタカラ、宮内省ニ於テハ殿下歓待ノ一儀トシテ、考古学的遺跡ヲ御案内申上ゲルコトトナリ、之ニ関シテ一木宮内大臣カラ古在東京帝国大学総長ニ遺跡及ビ其ノ案内役ニ就テハカル所アツタ結果、自分ハ東京付近ニ於ケル石器時代ノ遺跡ヲ御案内申上グベキ命ヲ承ケタノデ、遺跡トシテ重要ナル価値ヲ有スル此ノ姥山貝塚ヲ選定シタ。（以下略）」

ちなみに、スウェーデン皇太子は日本滞在中正倉院を訪れて参観している。なお、この報告書については昭和八年発行の『人類学雑誌』に原田淑人は、次のように紹介している。

「大森貝塚のそれ以後、我史前学史上に一紀元を劃《かく》したもので、いま改めて紹介する必要もなかろう。此調査は九旬の長時日を費やし、三百坪の大面積を発掘し、人類学教室の諸員は勿論都下各専門家の総動員が行われたことであり、その収穫も竪穴住居址、埋葬人骨等斯学に寄与すること大なるものがあって、その研究報告は斯界の久しく鶴首して待つところであった」と。

四二——中山平次郎と金印出土地

一七八四（天明四）年、一農夫によって発見された「漢委奴國王」の金印は、現在国宝に指定されている。平成十二年三月から四月に東京国立博物館で文化財保護法施行五十周年を記念する国宝展にも出陳され、人々を魅するものがあった。

その出土地の福岡市志賀島の一角には、金印公園が設けられており、その入口近くに「漢委奴國王金印発光之処」という大きい標柱も立てられている。

この発見地を、現在の位置付近に推定したのは、中山平次郎であった。中山平次郎（一八七一―一九五六年）は、京都市出身で病理学者であったが、考古学の造詣《ぞうけい》も深く、ことに福岡県地方の考古学研究に大きい足跡を印した。一九一七（大正六）年に発表した「九州北部に於ける先史原史両時代中間期間の遺物に就いて」（『考古学雑誌』七―一〇〜八―三）をはじめ、北九州の弥生文化の研究に大きい業績を残し、一九五四（昭和二十九）年まで、関係論文や報告書は約二百編の多数にのぼった。

金印発光之処の標柱

梅原末治は『古代学』八・増刊号（昭和三十四年）の「中山平次郎追悼号」の中に、次のように記している。「博士の検査・研究の態度は、当時問題となっていたそれぞれの事物について、当時ではなお不十分であった実地についての精密な、本格的な観察を行い、その材料に基づいて帰納していくものであったので、よく上の気運を促進した」と。

一九八四（昭和五十九）年五月には、岡崎敬氏らの努力で九州大学出版会から『古代乃博多』が刊行された。また、昭和六十年に築地書館から刊行された『中山平次郎集』（『日本考古学選集』）に、岡崎氏により「中山平次郎先生と考古学」があり、これらを読むと、あらためて、日本の弥生文化の研究とともに地域考古学に果たした大きな足跡が感じられる。

中山は、福岡市にいた関係もあって「金印」の研究に早くから取り組んだ。そして、大正三年には『考古学雑誌』に「漢委奴國王印の出所は奴國王の墳墓に非らざるべし」を発表した。これは、発見当時の記録をこまかく研究し、現地調査を続けたものであったが、この中には、

「金印の出所を視察するに、いわゆる田なるものが、案外に狭隘《きょうあい》なるに驚かざるを得なんだ。地勢は小谷とも称すべき傾斜地にて、上に狭く、下に広く、左右に山ありて、他部とかくせられ、幅広き下方に於ても約半町（おそらく三十五六間ならん）に過ぎざるのである。この小谷は旧時おそらく田ありしならんも、今は段畑となっている。此段畑の下方に、志賀の村落より、弘《ひろ》に通ずる幅約二間の海岸の道路があり、この道を隔てて、海との間に、幅二間宛《ずつ》程の、二段になれる狭小なる田があり。次に其下に幅三尺許《ばかり》の草地があり、其前縁は小崖を為し、其下方が海となれる云々」と述べ、公園になっている付近を推定したのであった。

四三――沼田頼輔と紋章の研究

紋章の研究は、考古学にとっても必要である。たとえば、近世の城郭跡を調査すると、家紋をほどこした古瓦《ふるがわら》などが発見されることがあり、城壁の石材などにも紋章の彫刻されたものがある。これらを研究することにより、城郭の変遷や石材の寄進者をも追求することができる。紋章は、歴史学・風俗史等の研究はもちろん、考古学の研究の上にも重要な資料となるのである。しかも、この研究は、考古学者沼田頼輔《よりすけ》によって大成されたのであった。氏は、研究の成果を『日本紋章学』の題名で一九二六（大正十五）年に完成させた。これは、帝国学士院から恩賜賞授与の対象になり、東京帝国大学から、文学博士授与の論文ともなったものである。

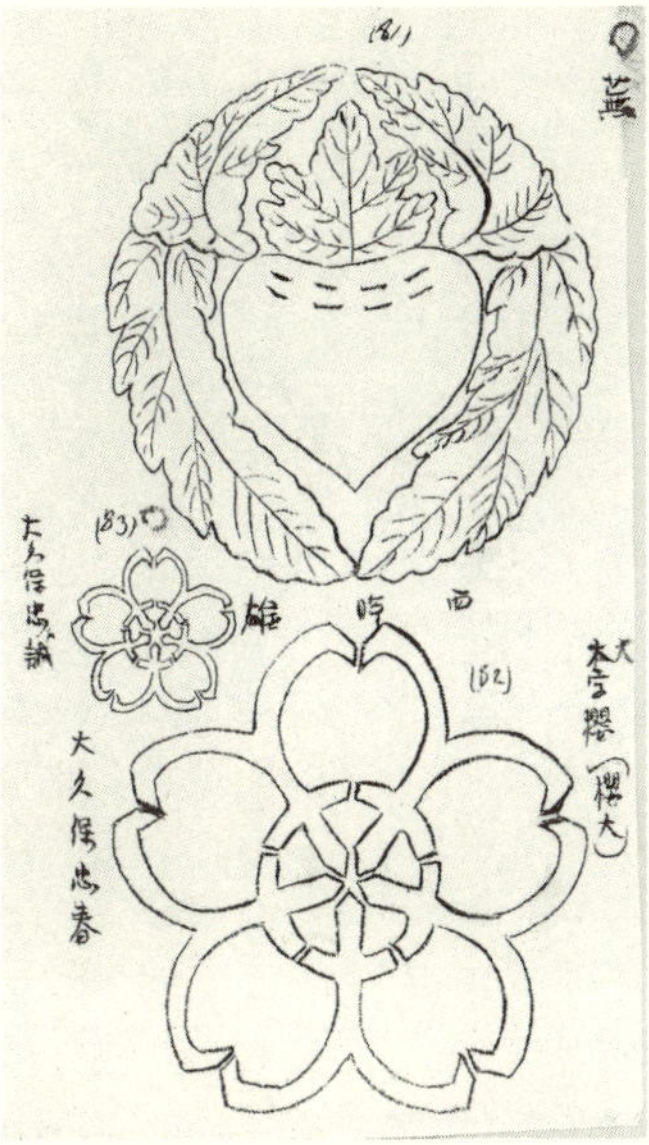

沼田頼輔が描いた紋章の図

現在では、紋章というと沼田頼輔を思い、沼田頼輔というと紋章を連想するほど、紋章は、沼田の学問と深い関係に結ばれているが、沼田頼輔の紋章の研究は、氏の学問研究の当初から志向されたものではなかった。一つのめぐりあいが、氏をして、その研究の道へとたくましく疾走させたのであった。

沼田頼輔（一八六七―一九三四年）は神奈川県に生まれ、県立師範学校を卒業したが、のち、中等教員養成所で、歴史・地理科の中等教員の資格を得ており、あわせて植物学・動物学の教員の資格をも得た。植物学を学んだ知識は、やがて紋章の研究には、他の追随を許さない、大きい力となった。

氏は、その後、岡山県・鳥取県の教員生活をし、それぞれ考古学上の知見をも発表したが、東京で、東京帝国大学の史料編纂《へんさん》所の嘱託などの仕事をした。このころ、考古学会にも関係し、大正六年に『稿本考古年表』をまとめている。

氏の研究の中、最も顕著なるものの一つとして、歴史時代の遺跡・遺物ことに金石文があった。氏は若いころから広く歴史を勉学し、文献にも精通していた。

ことに金石文の研究の場合は、歴史、特に古文献についての取り扱いに熟達しているとともに、考古学上の知識をもちあわせてなければならない。この点、氏は最適任の学者といってよい。

さて氏が、紋章研究に志向した動機は、一九一一（明治四十四）年八月から山内家史編纂に関係するようになったとき、山内豊景から自分の家は代々桐《きり》紋を用いるが、その由来はどうか、と尋ねられたのに対して、即答できなかったことを恥とし、その負けじ魂が紋章の研究に駆り立てたというが、これは氏の学問の大きい転機ともなったのである。『日本紋章学』の自序の中に、次のように十五年の研究をかえりみつつ文をしたためている。

「此間余の最愛の女《むすめ》と糟糠《そうこう》の妻を喪ひ、坐《そぞろ》に人生の悲哀と世路の艱難《かんなん》とを体験し加うるに貧弱なる我が生活は、物価の暴騰によりて深刻に脅威せられたり」と。まことに痛恨の文であり、悲傷の言葉である。しかし、彼の負けじ魂と、篤志家の経済的な援助とによって、ようやく大成したのであった。

第四章　光彩に輝く（一九二六―一九四〇年）

四四――講座本の出版

出版関係で「講座本」と称するものがある。この名は、恐らく、大学の講座からヒントを得たものであろうが、専門の学者が、それぞれ研究している分野について、あたかも、大学生に講義するように記述したものである。この種の出版の傾向をみると、社会にあって、この学問の必要性が認識されようとする機運にたくみにマッチしているようにも思われる。

一九二六（大正十五）年六月から刊行が始まった「考古学講座」も、その一例といってよい。この講座本は、雄山閣内国史講習会という名のもとで、はじめ全二十四冊刊行された。宣伝の文には「考古学界の権威を網羅し世界文化史上の源泉を講述せる学界唯一の考古学講座」とある。また、講座本の刊行中に、同社から発行している『中央史壇』が「趣味の考古学」と題する特別号を発行しているのも、このころの考古学普及の一端を示すものでもあろう。

さて、私自身のことに触れると、この第一巻の発行のときは、中学五年生であり、最終巻の時は旧制高校生であった。表紙が紫色をした各巻は、若いころの学問への道の第一歩を踏みだしつつあった私にとって、よき参考書ともなったのである。全巻の執筆者は、次のように、このころの考古学界を飾った人たちであったが、一方、その内容をみると、古墳時代と歴史時代に重点がおかれていることもわかる。当時、東京帝室博物館にあった高橋健自が、隠れた編集者の一人であったらしいが、このころの考古学の一つの方向をも示しているのである。また、一号本にカラーの口絵を載せているのも珍しい。

考古学研究法（浜田耕作）▽史蹟と考古学（柴田常恵）▽民族論（清野謙次）▽地質及古生物（佐藤傳蔵）▽欧州旧石器時代（大山柏）▽欧州新石器時代（宮坂光次）▽先史時代遺跡（八幡一郎）▽古墳（島田貞彦）▽埴輪及装身具（高橋健自）▽上古の工芸（後藤守一）▽原史時代の武器・武装（同）▽神社と考古学（宮地直一、実は大場磐雄執筆）▽墳墓（高橋健自・森本六爾）▽経塚（石田茂作）▽城郭及城址（大類伸・鳥羽正雄）▽貨幣（三上香哉）▽日本陶磁史（奥田誠一）▽金工史（香取秀眞）▽漆工史（六角紫水）▽瓦（関野貞）▽和鏡（広瀬都巽）▽古代建築（伊東忠太）▽梵鐘（坪井良平）▽紋章学（沼田頼輔）。

『考古学講座』1号本の口絵

また、最終巻の一九二八（昭和三）年五月の二十四号には、「本講座は、今回の二十四号をもって完結を告げました。是れひとえに講師諸賢の御熱心なる御執筆と、会員諸賢の熱心なる御研鑽《けんさん》御後援の賜《たまもの》として幾重にも深謝致します」とあることも、このころの時代を反映したものとして興味深い。

なお、この講座は、その後、巻をふやしたり、各テーマ別に分けたりして版を重ねた。このころ、この種のものが考古学を愛好する人たちに、いかに渇望されたかがわかる。ちなみに同講座の重版関係については、坂詰秀一氏が『日本考古学文献解題』（昭和五十八年、ニューサイエンス社）の中で詳しく追究している。

四五――児童向け考古学の本

どんな学問にせよ、この学問の性格や内容などについて、小学生や中学生に、学問の高い香りを失わずに、しかもやさしく述べることは難しい。ことに、考古学のように、特殊な学術用語なども多い場合、これらを、わかりやすく説明しながら、興味をいだかせることは容易ではなく、これには著者の深い学識があって、初めて行われるものであろう。

昭和のはじめ、一九二七（昭和二）年のころから、二つの出版社から執筆者に第一人者を選び、小学生を対象としたシリーズの文庫が刊行された。その一は、アルスの「日本児童文庫」であり、その二は、興文社・文芸春秋社の「小学生全集」であった。しかも、後者は、初級用・上級用にも区別されて刊行された。

執筆者は、例えば、アルスの「日本児童文庫」には『日本歴史物語』の「上」を中村孝也、「中」を平泉澄、『我が家の紋』、『年中行事』は沼田頼輔、中山太郎に執筆を依頼し、『地中の宝』は、渡辺萬次郎が執筆している。「小学生全集」では『日本偉人伝』を菊池寛が執筆している。

これらの中には、考古学関係のものもあった。「小学生全集」の中の有坂鉊蔵の『発掘発見物語』も、そのはじめの文は、縄文時代から説いている。有坂の肩書きは「東京帝国大学名誉教授・海軍造兵中将」という、いかめしいものであった。氏は、学生時代の一八八四（明治十七）年、坪井正五郎とともに、本郷向ケ岡の貝塚で、のちに弥生式土器と命名された土器を発見しており、考古学の愛好者でもあった。この本には、

「こんもりとした竹藪《たけやぶ》を取り巻いた広い菜畑には、蛤《はまぐり》、浅蜊《あさり》、螺《にし》、赤貝などの貝殻が、一面に散らばっているのがまるで消え残った雪のようです。その貝殻の間々には、素焼きの瓶や皿の破片だの、分銅のような形の石や、硝子のようにきらきら光る石の屑などが、あちらこちらに散らばっています。又所々には、白くなった鹿の角や動物の骨や牙のようなものも、混って見えます」

という美しい文でつづられている。

アルスの「児童文庫」も、同じ題名のものが刊行されており、これは、早稲田大学教授西村真次が執筆している。この「児童文庫」には、浜田耕作が『博物館』と題するものを執筆し一九二九（昭和四）年に刊行された。この本は、現在も古典的な名著の一に数えられている。創元社から「創元選書」の一冊として刊行された『考古学入門』（昭和十六年）も、題名は異なるが、内容は同一であ

『博物館』の表紙

り、有紀書房からの『やさしい考古学』（昭和三十七年）もまた同じ内容であった。続いて講談社の「学術文庫」の一冊として『考古学入門』が昭和五十一年に刊行された。ちなみに、氏は、講義のときにも、つねにこの本を教室にもっていった。また、直接お話をうかがったことがあった。それは、初めて大変な原稿料をもらって驚いたということである。

四六――石舞台古墳の発掘

石舞台古墳は、奈良県高市郡明日香村にあり、国の特別史跡に指定されている。幅の広い空堀によってめぐらされた、方形の二段の墳丘の上には、盛土の失われた横穴式石室の玄室部があらわれている。巨大な石材による構築物でもある。天井の石の上部は、たたみ四枚分ぐらいの広大な平面で、石の舞台を思わせる。この石室は、早く近世の名所図会にも記されていた。

この調査には、当時、考古学教室で副手をつとめていた私も参加した。いま浜田耕作、末永雅雄をはじめ調査関係者が他界しており、生き残っている証人は、私一人だけとなっている。この発掘に関して私は、二〇〇〇年七月刊行の『古代遺跡の考古学者』（学生社）の中で「石舞台古墳と浜田耕作」と題して述べている。

さて、この古墳は、考古学の上では、日本最大の巨大石室として周知されていた。この調査は一九三三（昭和八）年十一月五日から、京都帝国大学文学部考古学教室と奈良県との共同調査により、浜田耕作を中心とし、末永雅雄を現地主任として行われた。この古墳に対して、石室内を清掃し、その全貌《ぜんぼう》と墳丘の周辺を測量調査して基礎的な資料を学界に提供することは、まことに画期的な事業であった。

その調査に至った一つの基因は一九二〇（大正九）年の秋、浜田がイギリスの巨石記念物の研究者エリオット・スミスを案内したときに触発されたらしい。そして、実行に移したが、その経過については、

「石舞台の石室を清掃して見たいと云う考えは、此の古墳を訪ねる人が誰でも抱く所であるが、さて此の事の実現は、費用と労力との点から、而かく容易に期せらる可くもなかった。特に早くから暴露して封土を全く失った此の古墳の如きものに於いて、内部を清掃したからとて、目星しい遺物の出る筈もなく、ただ其の興味は繋《つなが》って、石室の構造を顕現すると云う純学術的意義に存するのみであるから、其の実行は愈々《いよいよ》以て困難を加えるのみであった。しかし、当時、教室の嘱託であり、奈良県史蹟調査会委員であった末永と諮り、土工の分量と事業の計画を見積りさせ、昭和八年には、日本学術振興会か

浜田耕作の色紙

ら、《金一千円》を下附されることとなり、奈良県史蹟調査会と京大考古学教室合同というかたちで昭和八年秋から実行したのであった」(『京都帝国大学文学部考古学研究報告』十四・昭和十一年所収「大和島庄石舞台の巨石古墳」)と述べている。

この調査は、当時としては、大きいニュースとして、各新聞をにぎやかにした。そして、「この収穫や如何に」とか「発かれる古代の全貌」(十月五日「朝日新聞」)とか「いよいよ玄室発掘解かれゆく古の謎」(十一月十五日「奈良新聞」)などのような見出しで取り上げられた。

なお、浜田耕作が、その当時、私に寄せられた色紙には、石舞台の光景を画き、次の和歌が書かれている。

・ほりゆけど石の柩《ひつぎ》のあらなくに
　窟《いわや》のうちのいや高くして

四七——東北地方石器時代下降説

東北地方の縄文時代の文化は、新たに青森市の三内丸山遺跡の発見にともなって脚光をあびている。

しかし、一九三六(昭和十一)年のころ、この東北地方の縄文文化の発達は、日本の中央で平安・鎌倉時代の文化のころであったとする考えが発表されたのである。しかも、その発表者は、日本の歴史学界で名声が高く、考古学界にあっても活躍した喜田貞吉であり、そのころの大きい話題となった。ことに、その論拠として、縄文時代の遺跡である青森県の是川《これかわ》遺跡で宋銭（中国の宋代＝九六〇―一二七九年＝に鋳造され、日本に渡った貨銭）が発見された「考古学上の物証」によって、なお波乱を呼び起こしたのであった。

喜田貞吉は一九二四（大正十三）年から、東北地方の古史や古文化の研究のため、東北帝国大学法文学部の講師となり、奥羽史料調査室を設けて研究に力をつくした。そして、是川遺跡で、土地の人が宋銭を発見したという事実を知り、一九三四（昭和九）年「奥羽地方石器時代実年代の下限―宋銭発掘の確実なる亀ケ岡式土器遺蹟調査報告」という論文を『歴史地理』（六三―一）に発表し「東北地方の石器時代は、宋銭の用いられた平安時代のころである」とした。

喜田貞吉

山内清男

思うに石器時代の遺跡から宋銭等が発見されたことは事実であったが、しかし遺跡の確実な層から発見したかどうかという考古学的な追究をしなかったことに欠点があった。また仮に、確実に、その層から発見されたとしても、後世の混入の問題について徹底的な検討を加えなかったことに慎重性を欠くところがあった。

一九三六（昭和十一）年二月『ミネルヴァ』と題する月刊雑誌の創

刊号に、後藤守一らにより「日本石器時代の源流と下限を語る」という座談会の記録が発表された。この中で、参加者の山内清男《やまのうちすがお》は、石器時代の下限について発言し、東北地方の縄文時代の実年代について述べ、「東北の石器時代の縄文式末期、即ち亀ケ岡式に併存し交渉を持ち得たものは、関西の弥生式でも古墳時代でもない。やはり縄文式である」という意見を述べ、縄文式の終末は地方によって大差はないとした。そして、「石器時代の遺跡から出たと称するあやしげな例を幾つ加へても、結局あやしいものとして残るべきである」とした。この「あやしげな例」を加えた人として喜田貞吉をあげたことはいうまでもない。

論客喜田は黙っていなかった。同誌四月号に、「日本石器時代の終末期に就いて」と題して、東北地方の石器時代の下限が著しく下降することを強調した。この文の最後には、「実物をはからねば物を言へぬ考古学は、さてさて不自由なものである」と結んだ。

山内も黙っていなかった。直ちに、五月号で、「日本考古学の秩序」と題して反駁《はんばく》した。喜田は、これに対してさらに反論した。この一件は「ミネルヴァ論争」として学界に伝わっている。なお一部では喜田と山内との不仲の関係がいわれているが、私の知る限りそんな関係はなかった。

四八――王塚古墳の壁画

古墳の壁画というと、奈良県の高松塚を連想する。しかし、この古墳は、年代的には古墳時代の終末期の形式を示している。これに先立って、日本では横穴式石室の築成が活発に展開していた六世紀の中ごろ、北九州を中心として華やかな壁画文化が発達した。そして、これらは、海をへだてた朝鮮半島の影響を示すものであり、このころの日本人の芸術性のあり方と死者への鎮魂の思想をも語るものであった。

さて、この種の古墳で、最もすぐれたものの一つに、福岡県嘉穂郡桂川町の王塚古墳がある。偶然に発見され、県による調査をへて、京都帝国大学文学部考古学教室が調査したものであり、現在国の特別史跡にも指定されている。この地は石炭の採掘地であり、そのため田地が陥落していたので、その復旧工事のため、ここの土砂を掘り起こした際に発見された。一九三四（昭和九）年のことであった。

王塚古墳の内部（著者撮影）

「九月三十日、一工夫鶴嘴《つるはし》にて石塊を取除きたる時、偶然一尺二三寸径位の穴開きたるに驚き、直ちに樺島監督に報告したので、樺島は工夫頭と同伴現場に駆けつけたるに、早くも工夫が穴中に入らんとするので、之を制し、中を覗《のぞ》けば、相当広き石室で、深さ四五尺もあらんかと思われ穴底に円形の土器（四個と覚ゆ）配置しあるを見た。そして奥の方に石扉が立って居る、其の石扉の上に小穴があって、尚奥にも石室があるものと想われた。且つ穴底には水が溜って何があるか分からない」と当時の様子を直ちに駆けつけた県の史跡調査嘱託川上市太郎が、このような意味の文を記している。

この古墳は、もと全長約七十八メートルぐらいの前方後円墳である。後円部に横穴式石室があり、羨道・前室・後室の三室で構成されている。壁画は、これらの壁面・石屋形施設・灯明石・石棚・前室と後室との通路の袖石等ほとんど全面にほどこされている。図文の種類は円文・同心円文・三角文・蕨手文《わらびで》・双脚輪状文・靫《ゆき》・楯・馬・騎馬人物等より成っていて、赤・緑・黄・黒の顔料を用いている。ことに後室の奥壁の大石や石屋形施設の側石や内面等には三角文がそれぞれ異なる顔料で描かれ壮麗である。

のち、一九三五（昭和十）年の冬には、一週間にわたり、京都帝国大学文学部考古学研究室により、浜田耕作指導の下に、梅原末治・小林行雄によって、壁画についての精密な調査が行われた。この成果は、『京都帝国大学考古学研究報告』十五「築前国嘉穂郡王塚装飾古墳」（昭和十五年）としてまとめられ、日本における装飾古墳の報告書として貴重な出版となった。

この古墳は調査直後、国の史跡に指定された。私もしばしば現地を訪れたが、ある時期には石炭採掘坑が古墳の真下に及ぶ危機に瀕《ひん》し、現場で関係者に会い、とりやめてもらったこともあった。平成七年訪れたときは、墳丘も見事に整備され、近くに「王塚装飾古墳館」も設けられ、環境も一変していた。

四九――黒板勝美と藤原宮跡

黒板勝美（一八七四―一九四六年）は、私の大学時代の恩師である。長崎県東彼杵《ひがしそのぎ》郡波佐見《はさみ》町の出身である。一九一九（大正八）年から東京帝国大学国史学科の教授になっており、日本史学及び文化財の方面に偉大な業績を残した。数多くの業績の中、考古学関係では、早くから、国史館の設立の重要性を述べたが、その熱意はやがて現在の国立歴史民俗博物館の創立の原点となった（第三章二五参照）。

さて、黒板勝美の功績を伝える本としては『古文化の保存と研究―黒板博士の業績を中心として―』（昭和二十八年）があるが、その中で「私的事業ニシテ功績顕著ナルモノ」として「国史大系ノ編纂トトモニ」日本古文化研究所をあげ、次のように記している。

「我ガ国史ニ関スル諸研究ガ進歩セルニモ拘ラズ、之ガ組織アル研究機関ノ存セザルヲ遺憾トシ、昭和九年独力自ラ主唱シ同志ノ者ヲ勧説シテ日本古文化研究所ヲ設置、自ラ之ガ所長ノ任ニ当リ、上代皇居阯《し》ノ調査ヲ始メ、国家ニ須要ナル諸般ノ歴史的調査ヲ立案企画シ、自ラ研究ノ主班トシテ指導シ、専門学者ヲシテ其ノ研究ニ従ハシムル等、運営宜シキヲ得テ着々其ノ成果ヲ挙ゲ研究報告ヲ逐次刊行セルモノ既ニ十一冊ニ及ビ云々」と。

藤原宮大極殿跡（昭和43年撮影）

　この日本古文化研究所における各分野にわたる活動とその報告書の刊行は、日本の史学界及び考古学界に大きく寄与した。その中でも、昭和十・十一年度における、藤原宮跡の発掘調査は、日本古代宮殿跡に対する最初の大規模な調査として注目されるものであった。

　氏は、この調査の主任として建築史学者足立康を依頼した。奈良県技師岸熊吉もこれに協力した。そして、その成果は、「藤原宮阯伝説地高殿の研究」一・二（『日本古文化研究報告』一・二、昭和十一・十六年）として発表され、その後の藤原宮研究の基礎的なものとなった。

　なお、これら二冊の正報告書とは別の『日本古文化研究所事業報告』（昭和十一年）には、足立康・岸熊吉により昭和十年度の調査の結果が報告されている。

　「昨春発見したる北面廻廊の遺阯の一部、大宮土壇の北に当る位置に於て門阯と思わるゝ礎石根固め栗石群を発見せることは昨年度事業報告中に記載したりしが、其後の発掘に於て略之《ほぼこれ》が北面廻廊の北門阯たることを認むる事を得たり。次いで十二月より本年一月に亘りて大宮土壇と其北の鴨公小学校々舎との中間地域の発掘を行い小石群及び古瓦等を発見し、更に同校舎中庭を発掘したりしが、此部分は校舎建築の際に攪乱せられたる云々」と。

当時、大極殿跡も「伝説地高殿」としたことは、学問的な慎重な態度のあらわれであった。その後、藤原宮跡は、奈良国立文化財研究所、あるいは、橿原考古学研究所等により、その全域についての調査も行われ、新しいいろいろな事実が判明した。現在「特別史跡」として整備されている。この宮跡の重要性を洞察して調査を実現した黒板勝美の功績をしのぶこと切なるものがある。

五〇——『小学国語読本』

一九三八（昭和十三）年八月文部省では『尋常科用小学国語読本』（巻十二）を発行した。この中の第三は「古代の遺物」である。

「私たちが野外を散歩してゐると、時に畠の上などに貝殻《かひがら》が白く散らばつてゐるのを見かける。なほ其の辺をよく探すと斧《をの》の形をした石や、矢じりの形をした石のかけらを見つけることがある。かういふ石を昔の人は天狗《てんぐ》の作つたものだとか雷の落して行つたものだとか言つたが、もちろんそんなことのあらうはずはなく、やはり人間の作つたものなのである」と。

そして、石器時代を説明し、続いて青銅器時代を述べ、さらに古墳について記したあと「元来昔の歴史を知るには、其の頃に書かれた物をもととして研究するのであるが、かういふ石器・土器を始め、古墳などから出る古代の遺物も尊い材料となるのであるから、私たちはどこまでもこれを大切に保護し、後世に伝へなければならない。今日これらのものが、或は博物館に保存され史蹟や国宝などに指定されてゐるのがあるのは、かうしたものを永遠に保存しようといふ精神であることを忘れてはならない」と文化財を大切にしなければならないことを述べ文をむすんでいる。

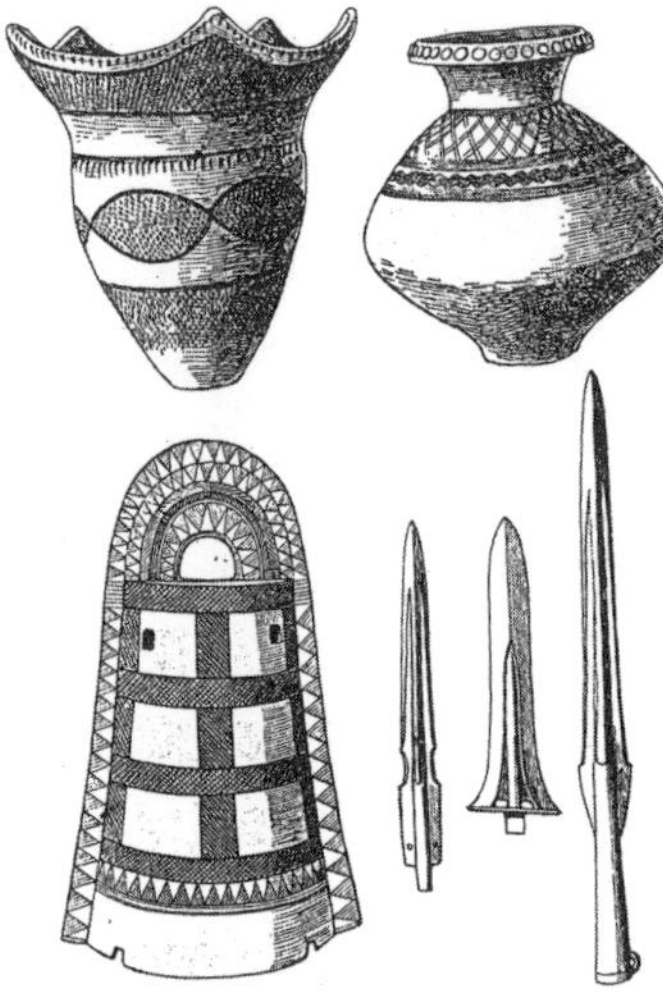

「古代の遺物」の挿図

この「古代の遺物」は、浜田耕作の執筆によったものであり、そして、絶筆ともなった。この原稿を依頼され、執筆したところ、浜田は京都帝国大学総長の地位にあった。そして、出来上がった本を見たのは病床にあったときという。原稿の執筆の依頼を受けたあと、学友原田淑人と東京で会ったが、原田は、次のように述懐している。

「浜田君が京都大学の総長になられて間もなく、私は同君と東京駅ホテルで会った。その時同君はこれで直接には学界と離れることになるから、自分として学界の為めに最後の御奉公をするつもりだといわれて、『小学国語読本』巻十二に考古学的知識を織り込む原稿を書いていることを明かされたのであった」と。

この本は、文部省の国定教科書、しかも国語の教科書であった。日本の小学五年生は、すべて、この文を声高らかに読んだ。そして、石器時代・青銅器時代・鉄器時代を知り、土器や銅剣銅鐸を学び、古墳を理解し、合わせてこれらの文化財の大切さを知ったのであった。「古代の遺物」については、春成秀爾氏が「青陵（浜田耕作の雅号）最後の抵抗―二つの古代の遺物」（『考古学研究』＝考古学研究会発行の機関誌＝四二―二・平成七年）を発表し、問題を提起し、浜田耕作著による『考古学研究』（昭和十四年）には、他の一つの全く内容を別にした「古代の遺物」がのせられていることをとりあげ、その関係や教科書への採用の経過を述べているのである。事実は、亡き浜田に聞かなければわからないが、教科書の文章は浜田らしくないということは、ほんとうである。しかし、教科書である。文部省が徹底的に直したことがあり得る。そして、このくらいの直し方は、関係官で十分できたはずである。

第五章　暗雲ただよう（一九四一―一九四五年）

五一――先学への鎮魂の言葉

太平洋戦争については、現代の歴史家・評論家などによって、いろいろと述べられている。太平洋戦争と考古学との関連については、坂詰秀一氏が著した『太平洋戦争と考古学』（平成九年、吉川弘文館）がある。この本ではとくに外地における考古学者の動向を中心として記述している。私もまた『日本考古学史』（昭和四十九年、同）の中の「現代の考古学」で「太平洋戦争と考古学」の一項を設けた。この中では、

「昭和十六年十二月、太平洋戦争に突入し次第に戦線が拡大するにともない、神国日本を誇り肇国《ちょうこく》の悠遠さを説くなど、国民の精神の作興にも積極的になってきた。そして、考古学のように、実証を重んじて科学的に古代史を発掘しようとする学問は敬遠される傾向があった。しかも、戦局の発展とともに若い研究者は、発掘の鍬の代りに銃剣をつけて戦線に馳せ参じた。国内に残る研究者も、とかく不急不要とされた考古学を前進させることなく足踏みの状態にあった。研究もまた、八紘一宇的な精神に触れるものがよろこばれた。戦局の緊迫するにともない、図書や雑誌の刊行も苦しくなり、ながい伝統をもった『考古学雑誌』も休刊した」と当時を振り返っている。

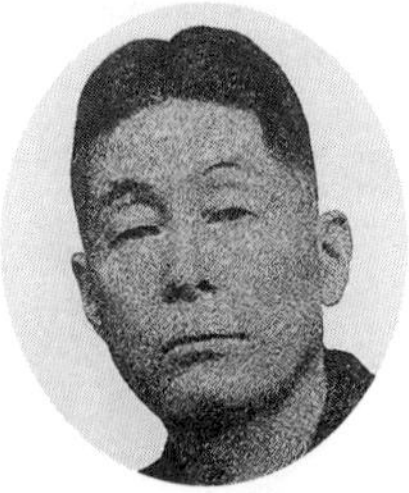
関　保之助

考古学の研究者にも、戦争の犠牲になった人々は多い。

日本の武器武具の研究の先覚であり、末永雅雄の師であった関保之助（一八六八—一九四五年）は、京都に在って空襲のためなくなった。氏は、昭和十三年『式正の鎧』を刊行し、「日本考古学選集」五（昭和五十年、築地書館）に、末永雅雄の編集でとり入れられている。

三宅宗悦（一九〇五—四四年）は京都帝国大学医学部の病理学教室にいた学者であったが、人骨出土の貝塚や南島考古学に深い見識をもっていた人であった。京都市に居住したが、軍医として応召し、レイテ島で戦死した。

江藤千万樹《ちまき》（一九一七—四五年）は、国学院大学の出身であり、静岡県沼津市にあって縄文時代や弥生時代の研究に業績があったが、一九四五（昭和二十）年六月沖縄本島で戦死した。

神林淳雄（一九一一—四四年）は山形県東田川郡羽黒町で生まれ、昭和九年、国学院大学史学科を卒業して、東京帝室博物館に入り、鑑査官補となり、戦争の激化とともに応召され、沖縄本島で戦死した。氏は、生前『土の文化』の出版を心がけ応召の出発直前脱稿し、一九五九（昭和三十四）年刊行された。

そのあとがきに、両親の詠まれた次のような和歌がのせられている。

諸先生のみなさけにより淳雄の遺稿世に出たるを喜びて

・としまねく待にまちたるすりまきの
　よにいてしこそうれしかりけれ
　　　淳雄父　神林勝金

・友人のあつきなさけによみがへる

我子のいぶきにむねはたかなる　　母　さゐ

五二――軍事施設と遺跡

軍事施設のため、日本のいくつかの遺跡の一部は失われることになった。しかし、考古学者の努力は、その部分を調査し、記録として残した。また、特殊な古墳は、移置されて在りし日の姿をつたえた。これらの遺跡には、北に、北海道網走市のモヨロ貝塚があり、南に、九州の宮崎県六野原《むつのばる》地下式横穴群があり、新田原《にゅうたばる》古墳群があった。そして、懸命に調査した米村喜男衛、瀬之口伝九郎、松尾禎作がいたのである。

六野原地下式横穴群の調査は昭和十七年九月から翌十八年十一月にわたって、宮崎県の史蹟主事をしていた瀬之口伝九郎を中心として行われた。発掘というよりは、「改葬移転」という名目でなされた。県では、はじめ梅原末治に委嘱する予定であったが、梅原がほかの用務のため、しかも、軍による延期不可能という事情のため、瀬之口を中心として、石川恒太郎が加わり、三十余基を調査し、地下式横穴研究の上で貴重な資料を得た。また十基の円墳、前方後円墳等をも調査し、粘土槨《かく》の構造を明らかにした。

新田原古墳群は宮崎県児湯郡新富町＝旧児湯郡新田村の台地上にある。一九三九（昭和十四）年三月、飛行場建設という事情により、梅原末治によって緊急調査が行われた。なお、この調査は、瀬之口伝九郎が担当する予定であったが、母の病のため参加できず、梅原が中心となって行われた。

佐賀県三養基《みやき》郡上峰町・神埼郡三田川町、目達原《めたばる》古墳群は、瓢箪《ひょうたん》塚・塚山・稲荷塚・大塚・上のびゅう塚等の前方後円墳や、古稲荷塚等の円墳を含む特色のある古墳群であった。「都紀女加《つきめか》王御墓」という伝承もあり、これらの中には、宮内省が管理しているものもあった。昭和十七年九月末、飛行場建設工事の起工式があげられ、近日中工事が着手されるという情報がもたらされた。県としては、宮内省及び文部省の指示を仰ぐことになったが、手続きの遅延している間に、建設工事は着々と進捗《しんちょく》し、十二月中旬ごろには、稲荷塚の封土の取り崩しにかかり、トロッコの線も架設された。

新田原古墳群（平成12年撮影）

このような事態の中に、宮内省が、これらの古墳を重要視しているという理由で、工事を一時中止してもらったが、「実際問題として工事を永く中止させる事は戦局の推移上非常に困難な事である」ということで、緊急に十二月二十六、二十七、二十八日に稲荷塚を調査し、その石室と遺物とを顕現した。その後、調査は翌年五月まで行われた。

昭和十六年には、北海道網走町（網走市）のモヨロ貝塚（最寄貝塚）に対して緊急調査が行われた。これも、戦争と関連するものであった。モヨロ貝塚と米村喜男衛については、私はこれまで刊行した著書などの中にもしばしば述べているので省略する。ちなみにこの貝塚については、「週刊朝日」二〇〇〇年五月十九日号の「司馬遼太郎からの手紙」にも述べられている。この中には、私のことにも触れており、私自身にとっても、思い出の遺跡であった。

五三――戦時中の出版

太平洋戦争が行われた、昭和十六年十二月から、その終結の昭和二十年八月まで、日本の考古学関係の出版物としては、どのようなものがあったであろうか。このころは、現在のような自由な出版でなく紙も配給であり、日本出版文化協会の発行承認も必要とした。

昭和十六年から昭和十九年までの考古学関係の一般の図書には、次のようなものがあった。

昭和十六年刊行には、直良信夫『古代の魚猟』、森本六爾『日本農耕文化の起源』、末永雅雄『日本上代の武器』、後藤守一『日本の文化（黎明篇）』、三森定男『日本原始文化』。

同十七年には後藤守一『古鏡聚英（上）』『埴輪』『日本古代文化研究』、直良信夫『古代日本人の生活』。

昭和十八年には、大場磐雄『日本古文化序説』、中谷治宇二郎『日本石器時代提要』、大場磐雄『神道考古学論攷』、樋口清之『日本古代産業史』、直良信夫『近畿古代文化叢考』、森本六爾『日本考古学研究』。

昭和十九年には、後藤守一『埴輪の話』、石田茂作『奈良時代文化雑攷』、梅原末治『東亜考古学論攷（一）』、橋本凝胤編『奈良の上代文化』。

これらの本の中には、学究的なものもあるとともに、戦争を反映して、日本を神国として謳歌《おうか》したものもあった。

後藤守一の『埴輪の話』（小国民選書）の序には、

「埴輪には日本人の精神がこもっている。清く、明かるい日本人の精神があふれていると思います。古代日本の大きい芸術であると共に、古代日本人の精神の現われであると申しても、決して我田引水だとは思っておりません」

昭和十九年十一月に、後藤守一によって刊行された『祖先の生活』も、その一つであった。

「みなさんの中には、今は一億の国民が、敵米英を撃滅しようと、火の玉のようになっている時だ、その時に、そんな大昔の話を聞けというのはのんきすぎる、と言われる方があるかもしれません。もちろん、勝つためには、敵に負けないだけの物量を備えなければならないし、そのために工場では、いま、夜を日についで、増産がおこなわれているのです。けれどもこの勝利の道にむかってまっしぐらに突進する日本人の精神力、これが少しでもおとろえるようなことがあったらどうでしょう。それこそ結果は目に見えています。物を生み出すのには、何といっても心がたいせつなのです。心が根本なのです。物と心が共にすぐれてこそ、はじめて最後の勝利を得ることができるというものなのです」

この二冊の本で知る限り、後藤守一という考古学者は、皇国史観に燃えた愛国者のような感を覚える。そして、現在一部の学者によって批判されている。しかし、私とながい交誼《こうぎ》をつづけたが、私との言動には、いささかもこの気配がなかった。時代のきびしい背景が、氏をして、麻痺《まひ》させたのであったろうか。

五四――戦時の遺跡調査

太平洋戦争中、遺跡の調査は、いかに続けられていたであったろうか。真摯《しんし》な研究者は、それぞれ、その土地にある遺跡の研究にも、たくましい仕事を続けた。

たとえば、長野県茅野市尖石《とがりいし》遺跡については、土地の小学校の教諭をしていた宮坂英弌《ふさかず》が熱心に調査を続けた。また、茨城県真壁郡協和町の新治郡《にいばるぐん》衙跡《が》については、高井悌三郎氏を中心として、昭和十六年十月及び十二月に発掘がなされた。その後、昭和十八年十月にも、日本学術振興会からの援助によって調査を続け、多数の建築跡の検出に成功した。この結果は『常陸国新治郡上代遺跡の研究』（昭和十九年）として出版された。

　一方、このころの時局を反映している一例がある。昭和十七年の七月と九月、十月とに行われた秋田県鹿角郡大湯町（現鹿角市）大湯環状列石の調査であった。この発掘は、東京に本部のある神代文化研究所という特殊な研究所によって行われたのであった。これには、地元の郷土研究会の会員も協力し、七月の調査は作業員総延数七十七人で、野中堂遺跡を主とした。九月から十月にわたっては、二次調査を万座遺跡に対して行い、同じく配石遺構の数多くを露呈させた。しかし、真の学術的なものからは遠ざかっており、発見された石塊をもって「御霊代《みたましろ》」となし、これを営造した人々をもって「世界に冠たる最優秀民族」とし、この地を「世界文化の発祥地」（『神代文化』四五・四七、昭和十七年）とした。

大湯環状列石の特殊石組

　昭和十八年五月十八日から同月二十三日まで、群馬県多野郡吉井町の稲荷山古墳が、県の萩原進氏によって調査された。戦没者を祀る忠霊塔建設に関係したものであった。

　この古墳は、調査の結果、南面した横穴式石室であり、墳丘の周縁には、二重に外護列石がめぐらされ、石室の玄室のまわりには、裏込めの石塊がかなり重厚に積まれていたことがわかった。また、内部には六人ないし八人分ぐらいの人骨があったらしく、出土品としては、金環・直刀等があった（萩原進『群馬県古墳の研究』、昭和二十三年）という。

また、静岡市登呂遺跡も、戦争中に、工場の敷地として地ならしされたとき、偶然発見されたものであった。これは戦後の再発掘の動機ともなり、日本の考古学史にとっても重要な一つの事柄になった。

昭和十八年一月に、工場の敷地として六万坪（約二十ヘクタール）にわたる水田の地ならし工事がなされた。工事の進むにつれて、木杭《くい》や木器らしいものが続々と発見されたが、これらが重要な資料であることは気付かれず、木杭などは、作業員により燃料にされていた。しかし、五月中旬に、たまたま土器片が、仕事を請け負っている鹿島組の小林事務所の小長井鋼太郎の目にとまり、やがて地元の人々に知られ、安本博・森豊・加藤忠雄等の活動となった。そして東京の学界にも報ぜられた。これによって登呂遺跡調査の実現をみたのであったが、その後の発掘については後述する（第六章五五）。

第六章　暗雲晴れて

五五――登呂遺跡

戦時中、工場建設の工事にあたって発見された登呂遺跡は、静岡市の安本博やこれに協力した加藤忠雄・森豊諸氏の努力によって一応、記録として残されたが、静岡大空襲により焼失してしまった。昭和二十年、戦争が終結するや、安本博も戦線から復帰した。森豊も再び遺跡に立った。そして、「五年間見ぬ間に、登呂はすっかり荒れ果てていた。埋め立てられてたところは沼となり、カヤ・アシが生い繁るにまかせ、ところどころに爆撃の大穴があいており、寂しげに木柵の一部が頭を出していた」（森豊著『登呂遺跡』）と、その感想を記した。

やがて、地元の人たちの再調査への熱意は、東京の研究者を動かし、一九四七（昭和二十二）年三月に、東京では二十余人の研究者が集まり、静岡市登呂遺跡調査会が結成され、委員長に今井登志喜が選ばれた。委員は、考古学専攻の学者をはじめ、古代史・建築史・植物学・地質学・農業経済史学等各分野にわたって委嘱され、綜合調査の態勢がとられた。なお、この調査会には、かつて東亜考古学会の幹事として活躍していた島村孝三郎の尽力のあったことも忘れられない。

やがて調査費として文部省から五万円の補助金が交付され、県と市とからもそれぞれ五万円ずつの補助がきまり、七月十三日には鍬《くわ》入れ式の運びとなった。原田淑人は、調査会を代表して、「登呂遺跡は、日本古代史の解明に重要な位置を占めるもので、学界としても空前の体制をもって発掘調査を行うが、その成否は文化日本建設の試金石であります」

と述べた。

このようにして、登呂遺跡は早くも戦後の学界に登場した。戦争直後の国民の一種の虚脱感にも似た空しい心情は、この発掘のニュースによって強く刺激されたことであったろう。調査は、その後も一九四八（昭和二十三）年に日本考古学協会が設立され、同会の特別委員会の手で行われることになった。委員長は、今井登志喜がなくなったので、後藤守一に代わった。続いて、昭和二十五年まで、四カ年を通じて調査がなされた。私も調査員の一人として、また実行委員の一人として関係することができた。調査はいずれも真夏の炎天下に行われた。しかも、物資の豊かでなかった当時、生活にもきびしいものがあったが、毎年現地で発掘の作業を続けたのである。現地を訪れた歌人佐佐木信綱の歌の中に、

登呂遺跡の発掘（右は筆者）

・若人ら真夏真昼を学のため
　　黒土掘るを見るに涙ぐまし
・若き博士我らがために説き明す
　　声の絶え間をよしきり鳴くも

登呂遺跡の発掘について、いま若い研究者の一部には、そんな思想的な背景もあったと批判しているが、我々には、そんなことはなく、ひたすら学問のために、現在考えられない

ような食糧不足の中に、酷暑と闘って頑張ったのである。当時の事情は、参加学生の間に「登呂遺跡のスイトンは、スイばかりでトンがない」とささやかれたことでもわかろう。

五六——日本考古学協会の成立

二〇〇〇年五月五日、日本考古学協会は、東京の国士舘大学で、二〇〇〇年度の総会を開いた。全国から多くの会員が集まり、現在の考古学界の諸問題について論議された。

また一九九八年四月二十八日には創立五十周年を迎え、これを記念して日本考古学研究の発展の軌跡をかえりみ、二十一世紀の日本考古学を展望するための記念講演会も行われた。このときの講演会の記事は、同会により、また学生社から『日本考古学を見直す』の題名のもとに、二〇〇〇年四月に刊行された。

私も「人類学会の創立から日本考古学協会の創立へ」と題する講演をしたが、日本考古学協会の成立については、次のような思い出を語った。

「昭和二十三年でございます。この年の一月に文部省の科学教育局人文科学研究課長の犬丸秀雄さんの名義で、私のところに招待状がまいったのでございます。これは、二月に学士院で、考古学協会の設立準備委員会を開くので出席してほしいという案内状でございました。実は、これをいまでも持っているのですが、現在ではとても考えられないような、ザラ紙の招請状でございました。そして二月に学士院に参って会議に加わったのでございます。当時出席された方は、江上波夫さん・後藤守一さん・駒井和愛さん・杉原荘介さん・水野清一さん・藤田亮策さん・八幡一郎さんと私の八人でございました。いま、健在でありますのは江上さんと私だけでありまして、ほかの方は幽明境を異にいたしたのでございます。もし、こういう方々が元気でありましたならば、現在の日本考古学協会の盛況さをいかに驚いているかと思う次第であります。それで四月に国立博物館で総会を開いたのでございます。その時の名簿もございますが、たった一枚の紙なのです。これに大きな活字で八十一人の会員が掲載されています。こういうことを考えますと、まことに今昔の感に堪えないという次第でございます」と。

このように、一九四八（昭和二十三）年二月五日には、日本考古学協会設立準備委員会が結成され、委員会の実務と原案作成のため、後藤守一・藤田亮策・駒井和愛・水野清一・八幡一郎・江上波夫・斎藤忠・杉原荘介が幹事に選ばれた。そして後藤守一が幹事長になり、四月二日東京国立博物館において日本考古学協会設立総会が開かれ、会則が付議された。会則には「日本における考古学者が提携して考古学の研究を促進し、それに必要な事業を行う」ことが取り入れられた。

藤田亮策

当時会員に推薦されたのはおよそ百七十人で委員として前記の設立準備委員会の幹事のほかに、梅原末治・石田茂作・山内清男が加わり、藤田亮策が委員長となった。新たに学会はこのようにして成立し、日本考古学の発展の上に、つねにその支柱ともなったのである。

その後、昭和二十三年度から年報を刊行し、各種の調査特別委員会も設けられた。また、近年になって、機関誌『日本考古学』が刊行された。

五七——岩宿遺跡

現在、群馬県新田郡笠懸町では「岩宿文化賞」が実施されている。

この制定の趣旨は、

「一九四九年における岩宿遺跡の発掘によってもたらされた事実は、日本列島における旧石器時代段階の人類の存在を立証したことのみならず、真に科学としての日本歴史研究の幕開けとなった出来事でした。この岩宿遺跡の発見をきっかけとして、その後全国で数千カ所にのぼる遺跡が発見され岩宿時代（日本の旧石器時代）文化研究も大きく進展していますが、岩宿遺跡の発掘調査で確認された事実は現在でも研究の基礎として活《い》かされている事実があります。このことは、まさに岩宿遺跡が日本の岩宿時代文化研究の原点として、今日もなお重要な価値をもっているということの証《あか》しでしょう。笠懸町では、こうした重要な価値をもつ岩宿遺跡の発見・発掘を記念し、〈ふるさと創生事業〉の一環として《岩宿文化賞》を創設しました」

とある。

　この岩宿遺跡を発見したのは、相沢忠洋（一九二六―一九八九年）であった。岩宿遺跡の発見は、戦後の大きな成果の一つである。そして、それは、多くの人たちによる発掘調査というケースによったものでなく、相沢という一青年によってなされたことにおいて、二十世紀の中の特異な発見史を飾るものでもあった。

岩宿遺跡と相沢忠洋（著者撮影）

　氏は、この地からあまり距離のへだたらない桐生市に住んでいた。戦後のきびしい環境の中にあって行商を営んでいた。しかし、考古学を愛好し、赤城山麓《ろく》の縄文式文化の初頭の研究を志向し、自ら東毛考古学研究所を設けていた。
　昭和二十一年の晩秋の一日、たまたま笠懸村（群馬県新田郡）の岩宿の丘陵付近で石片を発見した。赤土の崩壊層の表面に二つの黒曜石片があったのである。氏は細石器の剥片《はくへん》でないかと疑った。同二十二年の冬、再びこの切り通しで黒曜石・頁岩《けつがん》等による石片を発見した。それから、次第に、この地に鋭く目を向け、しばしば訪れるようになった。
　そして、昭和二十四年には、赤土とその下の褐色粘土層との中に、剝片の一群のあることに気付いた。この年の七月初旬であった。

「崖《がけ》の両断層を詳細に観察しながら、両側の沼に面した三峯山に登る細道の両断に眼をやった折、細長い黒曜石の大形なものが、突き刺ったような状態であるのをみつけて、注意深く掘っていくと、最初は、わが目を疑ったくらい立派な完形石槍様石器であった。石器についていた赤土を手ではらったときの感動は終生忘れられないものであった」（「岩宿遺跡の発見」＝『世界文化史大系』1・折込）。氏には『赤城山麓の旧石器』（昭和六十三年）のほかに『岩宿の発見―幻の旧石器を求めて―』（昭和四十四年・講談社）の著がある。

昭和四十二年には岩宿発見の功績によって吉川英治賞を受賞した。写真は、私の請いにより発見地の前に立ってもらったものである。

五八――考古学の普及

一九四六（昭和二十一）年のころから出版界も、ようやく活気を呈した。考古学関係の出版にも、内容の充実したものも次第にあらわれ、新しい考古学の出発にふさわしいものがあった。この傾向の中にあって、とくに目立つ出版は、わかりやすい内容で考古学を普及させた本であった。

それは、かつての、昭和のはじめのころの児童向きの出版（第四章四五参照）とも異なる絢爛《けんらん》さと多彩さがあった。恐らく、いま中年から高齢になった読者の中には、これらの本を読んで、考古学に親しみの思いをいだいた人たちも多いのでなかろうか。

　これらの本について、私の手もとにあるものを整理してみると、次のようなものがある。

清野謙次『日本歴史のあけぼの』昭和二十二年九月▽大場磐雄『登呂遺跡の話』二十三年二月▽後藤守一『私たちの生活―衣服編・食物編』二十三年三月、二十三年九月▽樋口清之『日本のあけぼの』二十三年五月▽酒詰仲男『貝塚の話』二十三年六月▽藤森栄一『石器と土器の話』二十三年七月▽後藤守一『わたしたちの考古学―先史時代編』二十三年十月▽直良信夫『食物の歴史上・下』二十三年一月▽石田茂作『正倉院と法隆寺』二十三年四月。

『大むかしの日本』の表紙

　直良信夫『貝塚の話』昭和二十四年六月▽駒井和愛『文化のあけぼの』二十四年十月▽杉原荘介『貝塚と古墳』二十六年七月▽長谷部言人『日本人の祖先』二十六年十一月▽矢島恭介他『文化のあけぼの』二十七年五月▽尾崎喜左雄『古墳のはなし』二十七年六月▽大場磐雄『考古学ものがたり』二十七年六月。

　和島誠一『大昔の人の生活』昭和二十八年五月▽甲野勇『縄文土器の話』二十八年

六月▽八幡一郎『古代の話』二十八年六月。

なお、私も昭和二十一年十二月刊行の「新しい日本の歴史」第一巻の『上古から奈良時代』に一文を執筆した。また、昭和三十一年には、私の監修のもとに埼玉県の考古学者大護八郎著『大むかしの日本』が刊行された。この本には、武藤弘之によるカラーの挿図が豊富に取り入れられており、巧みに大昔の人々の生活を生き生きと復元し、すばらしいものがあった。これらは、いずれも考古学に関するさまざまなテーマにわたって述べられている。

例えば、直良信夫の『貝塚の話』には、「学者のたえまない努力によりまして、日本の大昔のことも、大分わかってきましたが、まだまだ研究しなければならないことが、沢山あります。その一つの課題としては、私はここに、貝塚をとりあげてみました。(中略) 貝塚を、よく知っておいでの方はなおさらですが、知らなかった方も、この本をごらんになったその日から、きっと、こういう学問がおすきになって、大昔の人々の、まどかな生活に、限りないしたしみを、いだかれるようになることでしょう」とある。

五九 ―― 国営発掘第一号

一般に「国営調査」というような名称で呼ばれていた遺跡発掘があった。それは、文化財保護法の中に、「文化財保護委員会は、埋蔵文化財について調査する必要があると認めるときは、自ら埋蔵文化財を包蔵すると認められる土地の発掘を施行することができる」旨の規定があり、主として①史跡に指定されているような重要な遺跡について更に調査の必要がある場合②史跡に指定する必要のあるものでその範囲や性格を明らかにし保存の対策を要するもの、または破壊されようとするもの③調査が困難と思われるような遺跡に対して、それぞれの関係遺跡についての専門家を委嘱し権威ある陣容をもって慎重かつ十分な調査を行おうとするものなどのケースを対象とする。

吉胡貝塚の発掘

従って、文化財保護委員会の直接の発掘ということで「国営発掘」ともいわれるようになった。この発掘の場合、あらかじめ公聴会を開くことや発掘施行責任者を任命する規定もあった。実施されたのは、愛知県吉胡《よしご》貝塚を最初とし、秋田県大湯環状列石、秋田城跡、岩手県平泉無量光院跡、福岡県志登支石墓群、鹿児島県成川遺跡などがあり、これらは、のち国の史跡に指定され、保存整備された。

その第一号の愛知県吉胡貝塚は、渥美郡田原町にある。東海地方の著名な貝塚で、かつ人骨も発見され、貴重な資料を提供し早くから知られており、清野謙次も、人骨採集の目的をもって一九二二、一九二三（大正十一、十二）年発掘している。しかし、その後、次第に荒廃していった。

一九五〇（昭和二十五）年のころから、愛知県教育委員会では、その範囲を確認し、国の史跡として保存するように計画し、実現するに至ったのであった。私は、当時文化財保護委員会にいた関係で、その責任者になった。調査には、愛知県内の考古学者澄田正一、人類学者中山英司をはじめ、郷土史家伊奈森太郎の諸氏をお願いし、東京からは、後藤守一、山内清男、八幡一郎等の諸氏をお願いした。

一九五一（昭和二十六）年三月二十二日に現地で鍬《くわ》入れ式を行った。文化財保護委員会の保存部長は、登呂遺跡の調査のときにも力をつくし、日本考古学協会の成立にも協力した犬丸秀雄であった。また有名な歌人でもあった。氏はそのとき、

・古《いにしえ》も知多の海には春日照り
　縄文人はここに住みけむ

の一首を詠じている。

調査は続けられ、その結果、縄文式文化の後期から晩期にわたって営まれたもので、ことに縄文式土器は、前後六期の層序の中に包含されていることがわかった。また全部で三十二体分の人骨と七個の甕棺《かめ》が発見された。うち二十五体については、伸葬が三例、屈葬が十五例、甕棺葬七例で、葬制のうえでも注目すべきものがあった。

このほかに埋蔵文化財調査報告第一として『吉胡貝塚』が昭和二十七年に刊行された。ちなみに

昭和五十五年には、周辺の調査も行われた。

六〇――沖ノ島の祭祀遺跡

福岡県宗像郡大島村の沖ノ島は、博多湾の北北西約八十キロの海上にあり、東西一キロ、南北約〇・五キロ、周囲約四キロの小さい島である。そこには、宗像神社沖津宮が祭祀《さいし》されており、一般の人々の近づけない神秘の島でもあった。そして、御金蔵《おかなぐら》と称せられている穴に遺物の存することが学界の一部に知られているにすぎなかった。

福岡県出身で考古学を愛好した江藤正澄はこの島を訪れた。江藤は国学者でもあり、考古学者でもあり、また歌人でもあった。一八八八（明治二十一）年、和歌を詠じている。

・めづらしく思いこそいれ神代より
　草木もしげるこれの神山

ながい間、神聖な深い霧の中にあった沖ノ島に対して、考古学上の調査が行われるときがきた。それは、この島にも、避難港の工事の計画があり、神社当局は、この地の学術的な調査を実施することになったのである。

第一次の調査は昭和二十九年五月、第二次調査は八月に行われた。宗像神社復興期成会会長の代理として、出光泰亮氏のほかに、調査団長として同神社史編纂事業を行っている小島鉦作、現地主任として鏡山猛の諸氏が参加した。そして、その最初の調査で、これまでほとんど知識のなかった遺跡についても、新たなる知見を得た。

私が、沖ノ島の祭祀遺跡調査に参加する機会に恵まれたのは、昭和二十九年八月で、あの絶海の孤島で、出光泰亮氏をはじめ各調査員の諸氏と起居を共にし、ことに日中は虻《あぶ》の襲撃とたたかいながら、岩石群や樹林の間を駆けめぐって、貴重な遺跡をつぶさに見て、わが国の古代文化の上に占める重要な地位をしみじみと認識することができたのである。この滞在期間に味わった発掘生活は、私の経てきた数多い発掘の経験の中でも、最も印象の深い一つであった。

沖ノ島祭祀遺跡

調査に現地主任として活躍した鏡山猛氏は、次のように調査の方針等について述べている。

「吾々の島に対する予備知識は御金蔵の他には皆無に近かった。島を案内されてみると、数多くの遺跡が残っていることに驚かされた。既にその一部から採集されたものもあった。吾々はまず第一にそれ等の遺跡の所在を地形図に収める仕事から始めた。次いで各遺跡で現状調査を行い、

D号巨岩の北十八号遺跡の試掘によって、これ等の岩蔭遺跡の実態をつきとめたい念願から、南北にトレンチをもって層位関係及び遺物の配置を検討することにした」と。

遺跡は、沖津宮の北のうっそうとした森の中にあった。巨石群が屹立するように存している。この岩蔭などに鏡・装飾具・武器・武具・馬具・滑石製品などが、枯葉におおわれて遺存しており、掘るのでなく枯れ葉を払いのけると検出されたのである。その後、昭和四十四年の秋にも岡崎敬氏が隊長となって調査された。この時は、三笠宮殿下も滞在され、次の一首を詠ぜられた。

・沖の島森のしげみの岩かげに
　千歳ふりにし神祭りのあと

六一 ――考古学クラブの活動

各地の高等学校の生徒たちが、その教師の指導のもとに、それぞれ、校内に地歴部・郷土研究部・史学会・郷土史研究クラブ・考古学研究会等の名でクラブ活動が活発化されたことも、一九五〇年前後からの一つの特色であった。

このようなクラブ活動に参加した生徒たちの中には、やがて考古学者として学界に活躍した人もあらわれた。これらの活動は、思わぬ考古学上の顕著な発見となり、この学問に貢献したこともあった。

そのころ、私の手もとに数多くの機関誌が寄せられた。『考古』＝福島県立磐城高校史学研究会▽『古瓦』＝同湯本高校社会部史学班▽『史窓』＝茨城県立水戸第一高校史学会▽『東邦考古』＝千葉県東邦大学付属東邦高校考古学研究会▽『Archaeology』＝神奈川県慶応義塾高校考古学会▽『釧』＝静岡県立志太高校郷土研究会▽『北遠の古麗』＝同佐久間高校社会クラブ▽『神戸史談』＝三重県立神戸高校郷土史研究クラブ▽『猪名部』＝同員弁高校郷土研究部▽『和泉考古学』＝大阪府立泉大津高校地理部▽『チブサン』＝熊本県立山鹿高校考古学部—等である。

弁慶ケ穴古墳壁画の一部

クラブの活動は、それぞれ関係の指導の研究者がいることにより顕著なものがあった。たとえば、東京都立八王子工業高校社会研究部では、椚《くぬぎ》国男氏の指導のもとに川口川下流地域の遺跡群を二十五年間にわたり調査した。広島県では、豊元国氏を中心とした広島県府中高校地歴部があり、『広島県の考古学的調査基本報告』をはじめとする調査報告を残している。

石川県でも、すぐれた指導者により北陸大谷高校地歴クラブ、大聖寺高校社会部考古班、小松高校地歴クラブ、小松実業高校地歴クラブ、羽咋高校地歴部、七尾農高地歴部などの活躍があった。そして、クラブ活動が考古学界に直接もたらした大きい功績もあった。

たとえば、北では、北海道の余市町のフゴッペ洞穴の古代彫刻の発見もそれであった。この洞穴は、一つの小山であったが、昭和二十五年付近の人が土砂を採集していたとき、洞穴の入り口に遭遇した。この入り口は小さかった。この中に、ようやく身を入れ、大きい洞穴であることを発見したのは札幌南高校の郷土研究部員であった。

そして、昭和二十六年と同二十八年とに指導者のもとに発掘し、古代彫刻のあることを明らかにした。しかも偽刻説もあった小樽市の手宮洞穴の彫刻を真正なものとする端緒ともなった。

南では、熊本県山鹿市の弁慶ケ穴古墳の壁画が、山鹿高校郷土クラブにより、考古学者原口長之氏の指導のもとに清掃された。この古墳に壁画のあることは、かねてから知られていたが、戦時中には住居のない人々によって占められ、室内の焚火の煤煙は、地下水の湿気に作用されて、にかわのようになって壁面に固着してしまった。これを昭和三十二年七月、苦労して清掃したのであった。また、昭和二十八年には、岡山県勝田郡飯岡村（久米郡柵原町《やなはら》）月の輪古墳が、近藤義郎氏を中心とする調査団により発掘されたが、これには生徒も、村民とともに「共同学習の場」として参加した。

六二——平泉金色堂

岩手県平泉町にある中尊寺は、天台宗東北大本山の名刹《めいさつ》である。二〇〇〇年は、慈覚大師によって開山されてから千百五十年にあたる。元禄二（一六八九）年、芭蕉は、この寺の金色堂に参り、次の文をつづった。

「かねて耳驚したる二堂開帳す。経堂は三将の像を残し、光堂は三代の棺を納め三尊の仏を安置す。七宝散うせて、玉の扉風にやぶれ金の柱、霜雪に、朽て、既に頽廃《たいはい》空虚の草村となるべきを、四面、新《あらた》に囲《かこみ》て、甍《いらか》を覆て風雨を凌《しのぎ》、暫時《しばらく》、千歳の記念《かたみ》とは、なれり」

金色堂は、現在、建造物として国宝に指定されている。平安時代の特色を示しており、しかも内部には、藤原氏の初代清衡、二代基衡、三代秀衡及び和泉忠衡の遺体が安置されていることにより、特殊な礼拝の対象となっている。

一九五〇（昭和二十五）年、金色堂が修復される事業が行われた。ちなみに、岩手県出身の建築史学者藤島亥治郎氏は、これに関係し、一九九三（平成五）年二月の「岩手日日新聞」に、その思い出の記事を連載している。

さて、この修復工事に関連し遺体についての学術調査が寺院と朝日新聞文化事業団の共同で行われた。遺体の調査は、人類学上の問題である。しかし本棺をはじめ、着装・副葬品等はもとより葬墓制の歴史の上からも、考古学上に深い関連をもっており、石田茂作・田沢金吾氏の考古学者も委員となっていた。

この報告書は、昭和二十五年八月に朝日新聞社から『中尊寺と藤原四代—中尊寺学術調査報告』として刊行され、学界にとっての唯一の調査資料になっていたが、実は、委員たちは、別に報告をまとめ、最終報告として刊行する予定であったらしい。その原稿は、そのまま、中尊寺に保存されていた。幸いに、平成六年七月中尊寺から『中尊寺御遺体学術調査最終報告』として刊行され、私にも寄贈された。

中尊寺貫首千田孝信師は「公刊にあたって」と題し、次のように述べている。

「〈中尊寺御遺体学術調査〉は、中尊寺と朝日新聞文化事業団との計画合意の上に漸く実現したもので、その歴史的意義において国民的関心において、いわば戦後初の文化事業であったと言えましょう。無論、朝日新聞社側には、伝えられる藤原四代の御遺体が果たして本当に存在するのか事実確認をしたい、できれば源氏の御曹司で国民的英雄であります義経を温かく迎え入れた秀衡公の尊容を撮りたい、その一枚の写真が欲しいといった思いもあったでしょう。一方、中尊寺側にも、御遺体などと口にすることさえ憚《はばか》られた古来の因習のなかで、実は、その触れるべからざる金色の棺の蓋を、機会があるなら開けて、以前昭和五年の遷座の折に棺内に詰めた石綿が御尊骸を傷めてはしないか、それを除去して善後策を講ずる必要があるやも知れない、といった心配もあって、内々に折衝を重ね、時に破談になりかけた話を繕いながら、この日

平泉中尊寺金色堂

を迎えたのでありました」

六三——竹原古墳の壁画

一九三四（昭和九）年に福岡県の王塚古墳の壁画が発見されたが、それから二十二年経過し、福岡県に再び、重要な壁画が発見された。これは、鞍手郡若宮町竹原諏訪神社境内の竹原古墳であった。一九五六（昭和三十一）年三月、この境内地に相撲場を作るに際し土取り工事のとき偶然発見されたものであった。

発見時から程経ないころ、私も、現地を訪れ、そのとき、最初にこの玄室に入った土地の人の感想を聞いたが、ほの暗い玄室の中にはじめて見る絵画に、感激し興奮したという。その後、今は亡き学友森貞次郎氏によって調査された。そして、その報告は、昭和三十二年九月、「福岡県鞍手郡若宮町竹原古墳の壁画」の題名で『美術研究』（一九四）に発表されたが、その内容は、氏の学問の豊かさを示す堂々たるものであった。

墳丘は現在円丘状をなし、基底径約十八メートル、高さ約五メートルぐらいのものとみなされるが、氏は、長軸約三十メートルの小型の前方後円墳だった可能性もあると述べている。横穴式石室は、西南方に口を開くもので前室と後室及び羨道から成っている。

竹原古墳の壁画（右は著者写真、左は森貞次郎氏図）

図文は、後室奥壁の基底に据えられた巨石に見られ、他に前室と後室との通路の袖石の前室がわの面にもある。奥壁のものは黒と赤とで描かれたもので、ほぼ中央に縦一メートル、長さ一メートルぐらいの画幅を構成し、まとめられている。その下端には雄大な唐草文状のものをおき、左右にはさしばを立ててこの画幅をよくひきしめている。

唐草文状の上、両がわの間に、馬をひく人物・舟・並列三角文を配し、やや上の方に怪獣及び舟を描く。怪獣は長い舌、鋭い爪などをあらわし、躍動的である。馬をひく人物は、烏《え》帽子《ぼし》のような帽を被り、太いずぼんを着用している。なお前室奥壁の袖石にあたる部分には、向かって右の方に鳥が描かれている。頭上に肉冠があらわされ、上の方に大きく弧状にあげた羽翼も見え、鳳凰《ほうおう》又は朱雀《すざく》を思わせる。

また、向かって左の方には大きく楕円形をあらわし、亀甲を示すようである。この古墳の壁画の内容は、怪獣、朱雀・玄武等の四神図、馬をひく人物など、明らかに大陸の影響を思わせる一方、さしばなど、日本的な要素もあり、日本古文化の性格を考える上の重要な資料ともなった。

ちなみに、金関丈夫氏により、奥壁の龍馬は中国の皇帝をあらわし、日本人が荒波をわたり、舟にのり、中国に使いした光景をあらわしたとする興味ある見解が発表されている。しかし、下端にあらわされている文様は、壁画などに広くみられる唐草文の一変形である。したがって、この絵全体の構成は、大陸的な要素の馬をひく人物や龍馬とともに、日本的な要素の舟やさしば等と巧みにミックスさせた特殊な図柄として、特色づけるべきであろう。この古墳は、のち国の史跡として指定されたが、日本のこの種の壁画の中で、最も豊かな内容をもつものとして高く評価されている。

第七章　夜空に消えた星

六四――二人の若き学者の死

大正の後半から昭和の初頭にわたり、日本の考古学界に活躍した二人の学者がいた。この二人は、学界の激動の中にもまれながらも、自己の信ずる学問の道を一筋に歩み、しかも病や逆境と闘い続け、一人は三十四歳で、一人は三十五歳で、将来への学問に未練を残しながら人生と決別したのであった。その二人は森本六爾《ろくじ》と中谷治宇二郎《なかやじうじろう》であった。

森本六爾（一九〇三―一九三六年）は、奈良県の桜井市の出身であった。ふるさとで小学校、中学校の教諭となったが、一九二四（大正十三）年上京し、四月には東京高等師範学校長兼東京帝室博物館総長の地位にあった三宅米吉のはからいで、東京高等師範学校で副手という名義のもとに、歴史標本室に勤務することになった。そして、新進の考古学者たちの協力のもとに、自ら東京考古学会を創立させ、弥生式土器集成など基本的な仕事に志向し、その清新な論文とともに学界に新風をもたらした。

氏は、一九三一（昭和六）年四月に、考古学研究のためフランスに向けて出発したのであった。生活健康にめぐまれず、病む日々も多く、しかも、渡欧の資金にさえ無理をした旅行であった。生活をきりつめながら、病魔と闘ってのフランス滞在は、やがて氏の人生を短くした。三二年帰朝したが、三年後の三五（昭和十）年十一月十一日には夫を助けたミツギ夫人が死去し、後を追うように翌年一月二十二日、氏もまた、鎌倉市極楽寺の仮寓《かぐう》先で人生を終えた。享年三十四であった。

八一（昭和五十六）年三月に、奈良県桜井市の森本家の所有地を利用し、夫妻の顕彰之碑が建立された。文は堀井甚一郎氏の撰《せん》による。

「共に若くして考古学に殉ず　まことに惜しみてもなほ余りあり（中略）。嗚呼二粒の籾《もみ》もし成長し結実しあらば今日考古学界の盛況を思ひ君の早世をいたむと共に偉大なる功績を顕彰せむとこの碑を建立す」。私は昭和六十年十月、一人この碑の前に立った。

森本六爾

中谷治宇二郎

中谷治宇二郎（一九〇二―一九三六年）は石川県加賀市に生まれた。一九一九（大正八）年小松中学校を卒業し、二四年東京大学理学部人類学選科生として、先史学の研究に意欲を向けた。氏は、三〇（昭和五）年には、『日本石器時代文献目録』を、三五年『日本先史学序史』（岩波書店）を著した。そして、氏も、二九年、フランスに留学したが、無理な生活がたたり、病を得て帰国し、大分県湯布院温泉での病気療養中この地で亡くなった。三六年、三十五歳であった。

　私は、その死去から五十年を経た昭和六十年に、大分県の学友賀川光夫氏の案内でここを訪れた。勉強していた建物はなく、その周辺は荒れていた。私は、病弱の身を嘆きつつ、将来のはなやかな学界への活躍を夢みながら、寂しく最後の人生を終えようとしていた氏の心境を想いながら、その周りを歩いたのであった。

六五――大山柏と史前学研究

大山柏《かしわ》（一八八九―一九六九年）は、元帥大山巖の次男であった。兄は高、柏はその弟であったが、兄が一九〇八（明治四十一）年四月になくなったので、大山家の家督をついだ。そのため、学習院中等部を中退し、陸軍幼年学校に入り、陸軍士官学校二十二期生となった。

卒業後、近衛師団から転勤し、陸軍大学図書室に勤務した。近代戦史研究ということが主な仕事であったが、このころから戦史研究とともに考古学に関心を寄せていたようである。少年期にはモースの影響もあったかもしれない。

一九二〇（大正九）年七月刊行の『考古学雑誌』（一〇―一一）を見ると「尾張国呼続村（現名古屋市）山崎貝塚に就て」の文を発表し、「余は目下陸軍大学校に奉職し、去る昨大正八年九月二十七日来、遠、参、尾、濃の地に演習に従事したり。越えて十月十日愛知県下愛知郡呼続村付近の演習に於て、計らず一貝塚を発見したり」と述べている。軍務のかたわら、このような考古学の研究にも寸暇を利用したことが知られる。

一九二七（昭和二）年には陸軍少佐に昇進し、近衛師団、歩兵三連隊付を命ぜられている。このころ、小金井良精にも一身上のことを相談したようであり（星新一『祖父・小金井良精の記』昭和四十九年）、昭和三年四月には少佐の現役を退き予備役編入が認められ、本格的に考古学への道にスタートした。そして、史前学を提唱し、日本に普及させた。

史前学は、氏にいわせると「史前文化を研究する《科学》」というわけであり、当然旧石器時代、中石器時代、新石器時代に相当する内容を包括する。このころ、日本では旧石器時代の問題は解明されていないので、その研究の主力は縄文時代におかれたが、氏の提唱する史前学はドイツ学風の影響のもとに、堅実な基礎的な内容で体系づけられ、日本の学界に大きい刺激をあたえた。

一九二六（大正十五）年十月に、自邸内に史前学研究所を設け、史前学会を創立させ、機関誌『史前学雑誌』を発行した。この「発刊の辞」には、

「学術の研究なるものは、それが進むに従って、段々とその内容が充実してき、そこに分課を生ずる。史前学も亦この例に漏れない。元来史前学なるものは、広義の考古学の一分課であるが、それが今日学術進運に伴うて、その研究の分野と云い、内容に於ても充分なものを持って居る。否、今日では既に単なる史前学のみでは、余りに膨大に失し、更に第二次分課への道程に進まんとまでしつゝある。学術発展の此の如きものがあるに対し、我国に於ては未だ史前学それ自身を主体とした、専門機関のないことは、私共史前学の学徒として久しい前から、遺憾にたえなかった所である」と、その抱負の一端を述べている。

大山　柏

やがて時局の厳しさに、この学会も消え、大山邸の一角にあった史前学研究所も空襲で消滅した。その跡地が東京都教育委員会によって

発掘されたことも、時の流れを感じさせる。

六六――後藤守一と『日本考古学』

一九二七（昭和二）年に、後藤守一によって『日本考古学』と題する一冊の本が四海書房から刊行された。「帝室博物館鑑査官」という肩書きも記されている。

これより先、一九一三（大正二）年には、高橋健自によって『考古学』の名の本が刊行された。年号としての大正と昭和とのそれぞれのはじめに、日本考古学に関する概説書が刊行されたわけであり、しかも、高橋も後藤も、ともに帝室博物館に職域のあった考古学者であることにより、このころの学風の一端も知られるものがある。先に述べたような「博物館派」の最後を飾った一人の著した「考古学概説書」としても、また意義深いものがある。

さて、後藤守一（一八八八―一九六〇年）は中学の時から父の郷里静岡県沼津に帰り、沼津中学・静岡師範学校をへて、一九一七（大正六）年東京高等師範学校地理歴史科卒業。静岡中学で教べんをとったが、二一（大正十）年先輩高橋健自に招かれて、東京帝室博物館に入り鑑査官となった。一九四〇（昭和十五）年、博物館を退き、のち昭和二十四年からは明治大学教授となった。後藤守一の考古学における業績は、高い識見のもとに、考古学を指導したことであった。

『日本考古学』もそのあらわれの一つであった。

『日本考古学』の序には、最近の日本考古学研究の進歩の著しいことを述べ、「十数年前とはまったく面目を新にする事ができ、此に伴い学の普及にも見るべきものがある。学そのものとしてはいうまでもないが郷土研究にも必須のものとなり、また、ただ古代史といわず一般国史を修めようとする者にも欠くべからざるものとなった」と記した。

後藤守一とその筆跡

そして「しかるに逐次公にせられる斯学関係の論著・報告は微に入り細を尽してはいるが、余りに部分的のもののみであって、此等の業績の大要を一般向きに録し、一冊の書以て全体を概見し得べきものに至っては、ここ十余年間に一部の編著だにこれを見ることが出来なかった」と出版への動機を述べている。この本の内容は、考古学の目的と範囲、考古学的資料の性質、日本考古学の時代的区分を第一編の序説とし、第二編は、先史時代、第三編は原史時代として、遺跡・遺物を述べ、考古学研究法を第四編として結んでいる。

ことに、遺物に中心をおいて、博物館の人であった特色を発揮している。この本が版を重ねたことも、考古学界は、この種の概説書に飢えていたためかもしれない。八幡一郎は、『人類学雑誌』（昭和三年五月）に、

「よく私は尋ねられた《何か日本の考古学の手引になる様な適当な書物はありませんか》と。遺憾ながら私はこの問いに《ありません》と答えてきた。しかし昨冬に至って私は《あります》と答える事ができる様になった。それは後藤守一氏が『日本考古学』という好著を上梓されたからである」

六七――石田茂作と寺院跡研究

雲深不去處　　雲深くして処《ところ》を去らず
禪房春竹深　　禅房の春竹深し
默默談千古　　黙々として千古を談ず

いずれも、石田茂作が、私に寄せてくれた色紙の文である。これらの一連の文に接するとき、あたかも、高僧に出会ったような思いをいだく。

石田茂作（一八九四―一九七七年）は、愛知県岡崎市に生まれた。東京高等師範学校の卒業は一九二三（大正十二）年で、二五（大正十四）年一月、鑑査官補として東京帝室博物館に入り、高橋健自を師とし、後藤守一を同僚とし、学問の一つの道をまっすぐに歩み続けた。のち鑑査官、学芸部長をへて、一九五七（昭和三十二）年三月、奈良国立博物館長になった。

このように、氏は、博物館の人といってよいくらい東京国立博物館、奈良国立博物館のために力を尽くし、その経営に功績があったが、学界においては、仏教考古学を開拓し、現在の仏教考古学の発展を導いた上に、大きい業績を残した。

石田茂作とその書

一九三六（昭和十一）年に『飛鳥時代寺院址の研究』（昭和五十二年に第一書房から復刻された）をまとめ、古代寺院跡研究の基礎資料となったが、二七年、『考古学講座』（雄山閣）に掲載された「経塚」も、経塚研究としては、日本で最初にまとまったものであった。高橋健自の収蔵した古瓦を整理した『古瓦図鑑』も、古瓦研究の基礎的なものであった。

そのほか『正倉院図録』十八冊の編集があり、『天平地宝』もまたその編集にかかるものであった。他に『奈良時代文化雑攷《ざっこう》』『校倉の研究』『正倉院伎楽面の研究』『東大寺と国分寺』『仏教考古学論攷』（一—六）『日本の仏塔』等を著して、後進を稗益《ひえき》させた。ちなみに『日本の仏塔』は講談社発行の一千部限定本で、その一冊一冊の扉に自らそれぞれ異なる文字をしたためるという、凝ったものであった。私の本には「吉祥」の二字がある。

一九七六（昭和五十一）年に自ら編集者となって刊行した

『仏教考古学講座』(雄山閣)は、日本の仏教考古学をまとめた画期的なものであった。

石田は、博物館に職域があった関係もあり、仏教遺物関係の研究にも専念した。あわせて寺跡・経塚などの遺跡に深く関心を寄せ、寺院跡については自ら発掘した。私自身、かつて韓国の扶余の軍守里廃寺跡、大阪市の四天王寺境内、静岡県の遠江国分僧寺跡、片山廃寺跡など一緒に発掘し、教えられるところが多大であった。

現在、寺跡の発掘は、その全地域の徹底的な調査の傾向に進んでいるが、氏の発掘のころは、土地の関係などから、局部的な発掘に終わることが多かった。しかし、氏は、その局部的な発掘の成果から、伽藍《がらん》配置や寺域を的確に判断することに、すぐれた知見をもっていた。将来、全地域の発掘により、その判断は訂正されるものもあるかもしれない。しかし、局部の発掘であることにより、新たな調査の場合も、その再検討の余地が十分残されている。

六八——梅原末治と銅鐸の研究

梅原末治(一八九三—一九八三年)は、大阪府羽曳野市古市の出身である。古市といえば、応神天皇陵に近い地である。梅原は、このような歴史的環境の中で成長し、早くから考古学に親しむ境遇にあった。

氏は一九七三年に『考古学六十年』という本を著したが、中に少年時代の想い出がつづられている。

のち大正の初年から、京都帝国大学考古学研究室に入り、内藤湖南・富岡謙蔵・羽田亨の碩学のもとに勉学するとともに、直接浜田耕作からの指導を受け、その仕事を手伝った。

一九二九（昭和四）年四月、東方文化学院京都研究所研究員兼京都大学文学部講師、昭和八年、助教授、昭和十四年教授になり、定年退官まで、考古学研究室の発展につとめられるとともに、多くの研究者を育成した。

一九八三（昭和五十八）年二月、長い病床生活の後なくなった。

「等身の著述は古来学者の理想とせられる所である」といわれているが、梅原はまさにその理想を達成された考古学者であった。しかも、これらの中には資料を中心とした図録も多い。かつて私に言われたことがある。「論文などは学問の進歩とともに水泡のように消え去ってしまうこともある。しかし資料を中心とした基本となるものは、いつまでも、その価値は失わないであろう」と。まことに、その言のように、その編著には、不朽の価値をもつものが多い。

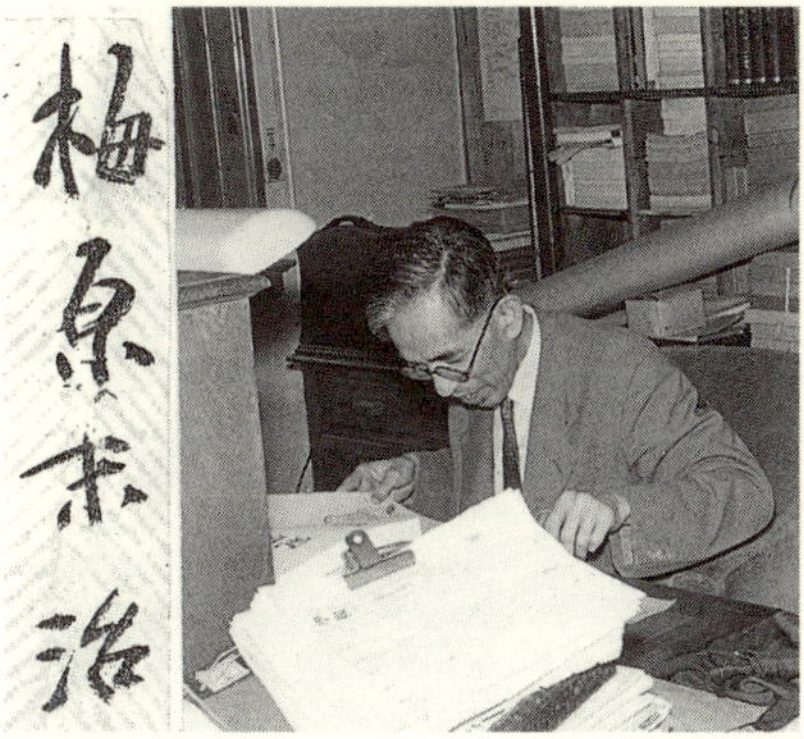

梅原末治と署名

『銅鐸の研究資料編・図録編』（昭和二年）もまた、これに該当する本であった。ちなみに『銅鐸の研究』は、その後、佐原真氏の補訂のもとに発行されている。なお、この本で驚くことは、その序文の執筆者の豪華陣である。喜田貞吉、坪井九馬三、内藤虎次郎（湖南）が、それぞれ自己の銅鐸論を述べつつ、氏の業績をたたえている。

喜田はいう。「梅原君はこの銅鐸の資料の蒐集について、実に十年以上の歳月を費やしておられる。文献に、実物に、はたその遺蹟に、およそ今日において手をつくし得られるだけはつくされたはずである。君の熱心なる努力と精緻なる観察とを以て、今日の学界において、何人もこれ以上を成し能わざる程度にまで、忠実にこれを調査し、これを記述せられたはずである」と。これは資料編だけで、本文編は刊行されていない。令息郁氏は、佐原真氏による増補版の「後記」に次のように述べている。

「昭和三十一年、京都大学を定年退官し、いよいよ銅鐸本文のまとめに着手しようとした矢先、強度の近眼、しかもその酷使からくる眼疾のために、右眼の視力を失い、さらにその新しい勤務先の天理参考館における雑務などに妨げられて、仕事は遅々として渉らなかった（中略）。何とか本文編の完成を果たそうと最後の力をふりしぼった。今私の手許には、先考が見えにくい目で書き綴った、本文編の一部が残っている。二センチ角ほどの大きな字は斜めに歪み、判読に苦しむ箇所も少なくない」と。

本文編執筆のためのすさまじい意欲と悲傷な晩年に涙をさそうものがある。

六九――末永雅雄と武器・武具の研究

末永雅雄（一八九七―一九九一年）については、その亡くなってから一周忌を迎えたとき、出身地の大阪府大阪狭山市から『末永雅雄先生―常歩無限の一生―』と題する本が出版された。また向谷進氏は、『考古学の巨星』と題する本を一九九四（平成六）年に文芸春秋社から刊行している。私は、亡くなったとき、共同通信からコメントをもとめられ、氏との出会いの思い出に触れつつ哀悼した。

「末永雅雄さんが亡くなった。学界から一つの巨星が消え去ってしまった。私は、いま悲しさと寂しさの心でいっぱいである。《末永さん》という言葉は、私が六十年近く末永博士に対しての呼び方であった。博士もまた私を《斎藤君》と呼び、そこには長い間の二人の交際で結ばれた自然さがあった」と。

氏の研究業績には、まことに多彩なものがあった。これは遺跡遺物の豊潤な奈良県を主な研究の場にしたことによったと思われるが、氏の最も本格的な研究としてあげてよいものは、武器・武具等であった。一九八六（昭和六十一）年、雄山閣から刊行した『日本考古学への道―一学徒が越えた』には「上代甲冑の復原研究」「眉庇付冑《まびさしつきかぶと》」「日本武器研究」「日本刀小史」の項があるが、これらへの研究は、最もはげしい情熱をもって取り組んだ研究へのながい道程といってよい。

末永雅雄とその筆跡

しかも、氏の武器・武具の研究へのスタートは、少年のころからであった。『日本武器研究』には、次のような回顧の文をのせている。「父の俳句《出してびっくりするや大刀の錆》は例年土用干のあと刀剣手入をしていたときの所感であった。家族がすくないので私の不在のときは、父を援けて母や家内も刀手入れをつづけてきた。時代はいまと違って、美術刀剣というような意識はなく、やはり武士の魂という一般的な考え方をもって、その取扱いも違っていた」と。

氏のその種の代表的な本として『日本上代の甲冑』と『日本上代の武器』（昭和十六年）とがある。前者は一九三四（昭和九）年十二月岡書院から刊行された。ちょうどこの本が完成される前の昭和七年から同八年のころは、私は、氏とともに考古学教室に学んでおり、その編集の姿を、まのあたりに接している。

氏は序文にいう。「ここに私は日本上代文化の一現象としての武器が如何なる発展過程をとって、我が上代人の生活を援けて来たかを攷察《こうさつ》するとともに、その後の武器に与へた動向を検討し、前著防禦武器たる甲冑の研究とを合せて、我が上代における攻防武器に対して行った攷察の経過を録して云々」と。

また、氏は、武具の研究において、甲冑の復原という地味な仕事に没頭した。古墳から発見される小札《こざね》を丹念に整理して復原するもので、長い間こつこつと甲冑の研究に取り組んできた甲冑研究者末永にして、はじめてなしとげられた大きい業績であった。大阪府藤井寺市沢田長持山古墳の挂甲《けいこう》もこのような復原によるものであった。

七〇——山内清男と縄紋の施し方

「縄紋は、永らく布とか蓆《むしろ》とかの圧痕を考えられておったが、後、これが縄または縄を用いて作った柱状の製作物を回転して圧したものであることがわかった。その結果、縄紋は、線状をなす縄紋すなわち縄などの側面を圧したものと、面をなす縄等の全面を回転して圧したものとの二種あることがわかった」

この文は、一九五八（昭和三十三）年に刊行された『世界陶磁全集』一（河出書房新社）の「日本古代編」の中に、山内清男《やまのうちすがお》が「縄紋土器の技法」と題して発表した一部である。縄紋＝縄文の手法については、昭和のはじめのころまでは、布とか蓆などを押し、圧した痕と考えられていた。これに対し、縄または縄を使い作った細い棒状のものを回転しながら圧しつづけたものというのである。この新しい技法の原理を初めて考えたのは、山内清男であった。

Made and Printing by S. Y.
at the Shell-mound of Yoshigo
April 7th 1951
For T. Saitô
縄紋作成図

山内清男（一九〇二—七〇年）は、東京に生まれた。一九二二（大正十一）年に、東京帝国大学理学部人類学科選科を修了し、一九二四（大正十三）年から東北帝国大学医学部解剖学教室に勤務した。主任教授は、長谷部言人であった。のち、東京大学理学部人類学教室の専任講師となった。一九六二（昭和三十七）年三月、退官し、成城大学で講義を続けていたが、七〇（昭和四十五）年、六十八歳で亡くなった。山内清男に師事した佐藤達夫の「学史上における山内清男の業績」（『日本考古学選集』二十一・昭和四十九年）には、氏の業績として、「縄紋土器の型式学的研究に基づく編年の確立と、縄紋原体の発見は、博士の業績として最も著名である」としている。

氏の考えた縄文の技法については、それが従来の通説を破り独創的なものであっただけに、いつごろから考案したかが問題となる。少なくとも、私との交遊の間で知ったことは、昭和五年のころに、仙台で次第にこの考えが成熟していったのではないかという点である。

このころ、私は東京に遊学していたが休みごとに仙台にもどった。そのつど、氏の来訪を受けたが、氏は私の部屋に入るとすぐに、紙よりをつくって油粘土の表面に押しつけ回転させ「縄紋ができたよ」と、私に見せた、このときの表情は、いかにも喜びにあふれていた。私は、長い間の交際で、氏の性格をよく知っている。感情的な一面もあったが、良き人であった。氏は『先史考古学論文集』を刊行し、自らの論文を整理している。昭和十四年にまとめた『日本遠古之文化』は、学史として永く伝わる名著であった。これについては新しい視点で、春成秀爾氏が「文化と社会―山内清男日本遠古之文化の一背景」(『考古学研究』一九九六年)を発表している。

縄紋について二〇〇〇年三月刊行の『筑波大学先史学・考古学研究』(十一号)に藤井義範氏は、「縄紋原体の素材に関する実験考古学的考察」を発表した。研究への躍進である。ちなみに、奈良国立文化財研究所では『山内清男考古資料』(1~10・一九八九~九九)を刊行している。

七一――八幡一郎と人文学舎

鳥居龍蔵(一八七〇―一九五三年)は、一九一八(大正七)年に信濃教育会諏訪部会の委嘱で、長野県諏訪地方の考古学上の調査をなし、その成果を『諏訪史』(大正十三年)に発表した。その序文の中に同行者の一中学生の名を記し「未来の考古学者八幡一郎」と紹介した。

鳥居が述べた「未来の考古学者」は、やがて現実となり、日本の考古学の舞台に登場した。八幡一郎(一九〇二―一九八七年)は、長野県岡谷市に生まれた。鳥居に随従し、はじめて考古学

八幡一郎とその筆跡

という学問の中にとびこんだときは、諏訪中学校の生徒のときであった。その後、一九二四（大正十三）年、東京帝国大学理学部人類学科選科を修了したが、のち、同科の講師となり文学部の専任講師をへて、東京国立博物館学芸部考古課長・東京教育大学教授・上智大学教授になった。

八幡の研究の分野は、とくに縄文時代であったが、その識見は高く、巨視的な立場から、日本の古文化を考察した。『日本史の黎明』（有斐閣全書・昭和二十八年）『日本文化のあけぼの』（日本歴史叢書・昭和四十三年）等、そのすぐれた著書の例であった。

ここに述べたいのは、氏は、自ら「人文学舎」を自宅に設け『人文学舎報』を刊行したことである。これには、折に触れての自分の感想や、発掘発見の情報や、刊行された本などについても簡単に紹介している。孔版印刷であった。一号は、一九四九（昭和二十四）年一月の刊行であったが、そのはじめに「舎主の言葉」として、次のような文がある。

「満州から引揚げて来てから早くも三度目の正月を迎えること丶なった。安東を舟出して鴨緑江を下り、東支那海を南下して北緯三十八度線を突破する戎克（ジャンク＝中国の民間の小形運送船）の上の明け暮れに、何時も心の中を来往したことは、日本の学問の将来と、民族的矜持《きょうじ》を失った日本人の拠《よ》り所に就いてであった。そして帰国したら人文学舎を興して、同志と共に荒廃した日本の文化の再建に微力を竭《つく》そうと期した。博多に上陸して今日まで丸三年、紛乱せる国状の裡に、幾度か出発しようと考へてはそのまゝになったのであるが、愈々《いよいよ》その第一歩を踏み出すこと、した」。

人文学舎を自ら設けた心境がよくあらわれている。なお、しばらく途絶えたのち、昭和四十五年十二月『新一号』が刊行された。今度は、活字印刷であった。『人文学舎報』の新五号は、なくなったあと一九八八（昭和六十三）年十二月に刊行されたが、氏の絶筆となり、やがて死とともに消え去った。俳人でもあり登呂遺跡の発掘のときの一句に「三伏《さんぷく》の大地を掘るや男の子どち」（三伏は夏の極暑の期間）がある。

氏と私とは、昭和四年からの交際であり、ともに旅行し、ともに調査し、そしてまたともに酒に酔ったこともある。酔えば国を憂い、日本の学問を愛する心情がほとばしった。惜しむべき人であった。

七二——大場磐雄と神道考古学

大場磐雄は、神道考古学を樹立した功績者であった。かつて、私に寄せられた著作『祭祀《さいし》遺跡』

（昭和四十五年）の本の扉には、自ら次のような和歌を記している。

・五十年まつりの跡の細道を
たゞにたどりてわれ老いにけり

大場磐雄とその筆跡

半世紀という長い年代にわたって、一筋に祭祀考古学あるいは神道考古学という学問の道を歩みつづけた氏の情感があふれている。

大場磐雄は、一八九九（明治三十二）年に東京都港区に生まれた。一九二二（大正十一）年、国学院大学国史学科を卒業し、同十四年には内務省神社局考証課につとめた。神道考古学の研究にめぐまれたポストを得たのであった。その後、昭和二十二年には、厚生省公衆保健局に勤務し、かたわら国立博物館嘱託にもなった。一九四九（昭和二十四）年、国学院大学教授となり、さらに六七（昭和四十二）年同大学大学院文学研究科委員長になった。

氏は、昭和九年には『日本考古学概説』を刊行したことをはじめとして、考古学一般にも、広い知識を見せたが、本命は神道考古学の研究であり、神道考古学を体系づけたことであろう。大正十一年に『考古学雑誌』（一三—四・五・八）に、「石器時代宗教思想の一端」を発表したが、氏の神道考古学研究の芽生えともいうべきであろう。

大正十五年、『考古学講座』に「神社と考古学」を掲載した。その執筆者名は当時神社局考証課長であった宮地直一になっているが、実際は、氏の執筆であった。

その後、昭和五年には「原始神道の考古学的考察」(『神道講座』九・一〇・一二)を発表し、同十年には「神道考古学の提唱と其組織」(『神社協会雑誌』三四―一)を発表し、はじめて、神道考古学の名を学界に提唱した。

つづいて昭和十八年には、これまでの関係論文を収録した『神道考古学論攷』を発表したが、その後も『神道考古学講座』の監修者となり、また『祭祀遺跡』を刊行し、神道考古学を日本考古学の一分野として不動のものに定着させた。さて、考古学史を飾る研究者の中で、氏ほど、趣味のゆたかな人生の達人はいないであろう。楽石生の名で軽妙な文をつづり歌をよみ、そして落語を演ずる。しかも、小唄をつくり、舞踊の名取であった。

『信濃』(二七―一〇・昭和五十年)は、その追悼号であったが、私も、氏を哀悼する文を載せた。中に、次のような一節がある。

「学者の人生の歩みにはいろいろな道がある。しかし大場さんほど趣味とあわせて、研究にもたくましい意欲を見せた人は少ないであろう。もし《人生の達人》という言葉があるならば、大場さんもまさしくその一人であったろう。しかし、人生の達人であった大場さんに、天はもっと長寿をあたえてほしかった。そして人生の達人の本領を、もっと遺憾なく発揮していただきたかった」

七三――松本清張と考古学

松本清張（一九〇九―一九九二年）は、去る六月二十九日の「朝日新聞」の「この一〇〇〇年日本の文学者読者人気投票」によると一位夏目漱石、二位紫式部、三位司馬遼太郎につづき、八位になっている。

氏は文壇の人たちの中でも最も深く考古学に愛情をいだき、最も熱心に考古学の知識をもとめていた一人といってよい。氏の多くの小説の中には「陸行水行」のように、邪馬台国の問題をとりあげたものがあり、「石の骨」のようにいわゆる「明石原人」の発見をめぐる学史的なものもあった。そして『古代史疑』（一九六七年）では邪馬台国・卑弥呼についての見解を発表した。氏は、一九八一（昭和五十六）年に『古代史私注』という本を講談社から刊行している。この中には、銅鐸・地下式横穴・環状列石・神籠石《こうごいし》など、考古学上の問題ある資料をとりあげている。

さて、私と松本清張との出会いは、ある出版社が、我々二人の編集による出版を企画したときであり、私は氏とともに夕食をとりながら、語りあったのであった。その後、自宅に夜、電話がかかってくる。「明日講演をたのまれている。考古学のことについては、このようなことを話しても誤りがないか」などという問いであった。氏が講演にも、いかに慎重に準備をしていたかを語るものであろう。私は一九七四（昭和四十九）年吉川弘文館から「日本歴史叢書」の一冊として『日本考古学史』を刊行したが、その中に挿入する月報の原稿を氏に依頼した。氏は快諾されて一文を寄せられたが、次のようなことを述べている。

「考古学は神秘的な学問である。地下にどんなものが埋まっているか分からぬからだ。その点は宝さがしに似ていないでもない。考古学の資料は地下に眠っているものが多いから、資料を基礎にすることの多いこの学問は、決定的な結論がいえない。《現在のところ》とか《今まで分かっている限りでは》とかいう前提条件がつく。あとで何が地下からとび出すかわからないので、うっかりした裁断は下せないのである。いきおい、考古学者の発言は慎重にならざるをえない」

松本清張とその筆跡

　昭和五十六年四月、私は氏と共に大分県国東半島にある真玉町の猪群《いのむれ》山にのぼった。山頂に巨石群があり、在東京の真玉町出身の藤延晨氏から氏に調査を依頼したのであったが、氏は、私も一緒に行くことを条件として承諾されたのであった。のち、私の執筆した報告書『猪群山』には自ら序文を書かれている。

「考古学界の泰斗斎藤忠博士に踏査をお願いしたらと藤延氏らにすすめたのはわたしである。博士は各遺跡の学術発掘調査の経験が豊富で（中略）さらには考古学史的な研究にいたると他の追随をゆるさず、古くからの考古学上の文献を博捜され、（学説史）これまた多くの著書となっている。猪群山の踏査には博士を措《お》いて他にないとわたしは思ったのである」と。

第八章　埋蔵文化財の諸問題

七四――文化財保護法の制定

一九五〇（昭和二十五）年五月三十日に、参議院立法という形式で、文化財保護法が制定され、同八月二十九日から施行されたことは、考古学研究の上に深く関係するものとして記憶されなければならない。

従来、文化財関係の法律には「国宝保存法」「重要美術品等の保存に関する法律」及びさきに述べた「史蹟名勝天然紀念物保存法」があった。ことに考古学上の重要な遺跡の保存については、この「史蹟名勝天然紀念物保存法」によって史跡として指定され、その現状変更には制約があった。しかし、未指定の一般の貝塚や寺跡その他の遺跡については制約もなく、この濫掘《らんくつ》や盗掘の行為すら野放しの状態であった。

ただ古墳関係については、一八七四（明治七）年に発布された太政官達の布告が効力をもち、宮内省（宮内庁）に対する手続きも必要なわけであったが、時勢の進展にともない、ほとんど実施されていなかった。

従来、考古学に関係のある文化財の保存には、このような法律があったとしても、戦争の苛烈さや、戦後の混乱と相まって無視されるものも多く、遺跡・遺物は、あるいは荒廃の一途をたどり、あるいは破壊され消滅し、あるいは散失するものも著しかった。そして、文化財に対する一貫した法律の必要にせまられていたのであったが、一九四九（昭和二十四）年一月二十六日の法隆寺金堂壁画の火災は、一層文化財保護に対する世論を高め、ここに文化財保護法の制定となった。

この新しい法律には、従来の文化財保存に関する法律が統合され整理され、その所管の行政機関として、文部省の外局にあたる文化財保護委員会が発足した。この法律には、史跡の指定保存や遺跡発見に対する規定のほかに、埋蔵文化財の保存の施策が取り入れられた。

すなわち、発掘の届出・指示・命令等の規定ができ、指定史跡以外のこれまでほとんど放任状態におかれていた遺跡に対する保存対策が講じられ、古墳の発掘の場合も、この規定が適用されることになった。発掘された埋蔵文化財出土品の処理について、従来の遺失物法をたて前として、その調整がはかられ、文化財保護委員会が管掌することになった。なお、一九五四（昭和二十九）年五月には、一部が改正され、土木工事その他埋蔵文化財調査以外での目的で行なわれる発掘についても、周知された遺跡については届け出ることが規定された。

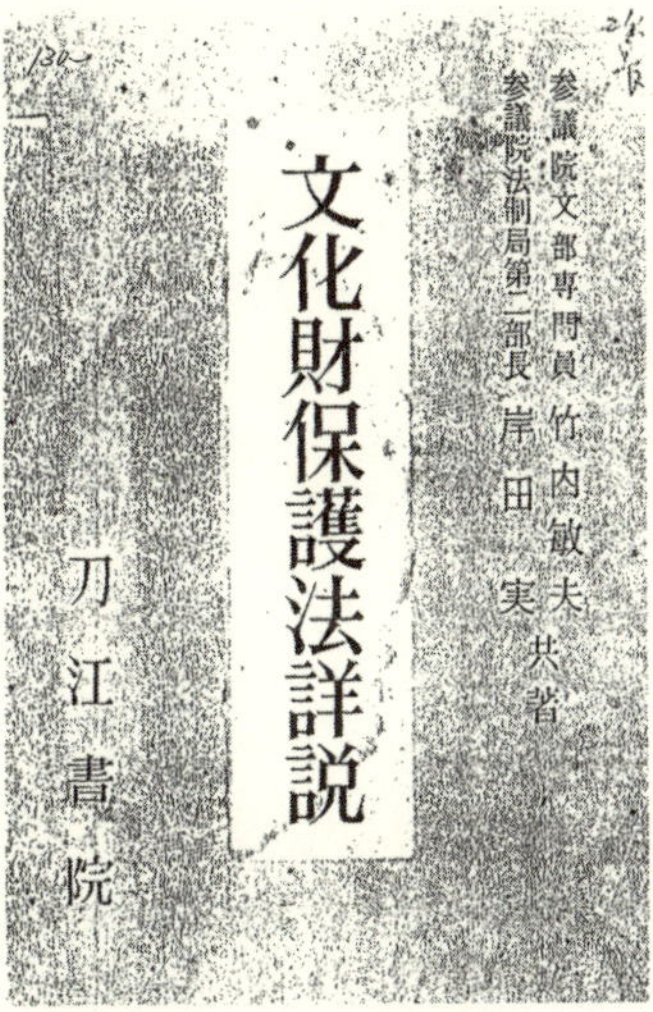

文化財保護法の最初の解説本

このように、文化財保護法には考古学研究と深い関係にあるものがあり、その適正な運営は、考古学の発展の上にも関連するものがあったのである。ちなみに、この文化財保護法が公布されてから半世紀が経過したが、二〇〇〇年四月一日から、この法律に基づく文化財に関する諸規定のいくつかは、都道府県または地方自治法の教育委員会に、その権限が委任されることになった。いま、文化財保護も一つの転換期を迎えつつある。文化財保護法の成立のころ、文部省にあった私にとっては、感慨の無量なものを覚える。

七五――東名高速道路

道路は「歴史の道」でもある。文化庁が「歩き・み・触れる・歴史の道」の活用事業を提唱していることも、時宜を得たものであるが、近年の高度の経済成長は、急激に新しい道路の開設を進展させた。そして、そのルートの予定地には、遺跡があり、遺跡との対策に深刻なものがあった。

『道路セミナー』という雑誌があり、一九八〇（昭和五十五）年八月発行号は「道路と文化財」と題する特集号であったが、私は、この中に「道路と埋蔵文化財」と題する一文を載せている。次の文である。

「道路は、国民の生活にとって欠くことはできない。一方、埋蔵文化財も貴重な学術資料として、かつながい間の祖先からの遺産としておろそかにできない。各所に開設しようとする道路は、埋蔵文化財の包蔵地のすべてを、除外して工事を進めることは不可能なくらい、これら包蔵地は数多い。縄文時代の集落や貝塚の跡も、弥生時代の集落や墓地も、古墳時代の古墳群も、歴史時代の官衙《かんが》の跡も寺院の跡も集落の跡も、城柵の跡も、全国津々浦々に残されており、道路の建設は、これを破壊し、あるいはこの上を通って永遠に我々の目からさえぎられてしまうことが多い。現代における深刻な課題は、これをいかに調和させ解決するかにあるであろう。しかも、これは日本の政治の上にも、重要な問題があり、この対策を一歩誤るならば、悔いを千載に残すことにもなる」と。

第二東名高速道路と遺跡

さて、高速道路建設は一九五八年十月から、名神高速道路の工事で開始、六二年には東名の建設が始まった。私は、道路公団の委嘱を受け、公団の関係者とその予定地を全線歩いた。

道路の予定地に、埋蔵文化財包蔵地に該当するものがあるかどうか。また、もしあったとすれば、その重要性はどうか。これを開設の工事からさけて迂回《うかい》できるかどうか。工事前に調査するとすれば、どのくらいの経費が必要か。これらの問題について道路関係者を中心に各地の県や市町村の関係者や専門家とも会って協議するためである。既に、土地所有者との交渉もすみ、センターにポールの立っているところもあった。土地の交渉に微妙な問題もあるということで、神経をつかいながら見たところもあった。

今、第二東名高速道路の開設工事が、進行している。そして、私が関係している財団法人静岡県埋蔵文化財調査研究所でも関係路線にまたがる遺跡を調査している。道路と考古学とは私自身にとっても不思議な縁がある。

その後、日本道路公団による高速自動車国道、一般国道等の建設工事はいよいよ活発化したが、一九六四（昭和三十九）年一月十七日付で日本道路公団は「埋蔵文化財発掘調査実施要領」をまとめている。高速道路をはじめとし道路の開通のかげに、多くの研究者は、埋蔵文化財のために、苦闘の調査を続けたのである。

七六――東海道新幹線

日本における近年の開発事業にともなう考古学の発掘の活発さは、考古学の一つの在り方を変えたといってもよいかもしれない。

二十世紀の前半のころ、各地の行政機関においては、史跡や考古学上の遺跡の調査保存に従事した職員はわずか一、二人ぐらいであった。いまこれらの担当職員は多人数となり、しかも埋蔵文化財調査研究所の施設のもとに多くの専門研究者が、開発事業に対処する遺跡の調査に活躍している。

この種の開発調査費を事業者が負担し、協力の態度のとられた大きい事業として、東海道新幹線の工事があった。この工事の計画が進められたとき、その関係者が憂慮したことの一つは、予定地内に埋蔵文化財の包蔵地すなわち遺跡があることであった。その対策のため文化財保護委員会と度重なる会議を行った。

松林山古墳のそばを走る新幹線

私は、文化財保護委員会にあって、埋蔵文化財の仕事を担当していた関係で、国鉄の工事関係者とともに、その予定線内の遺跡をまわったり発掘に立会した。この調査結果は、一九六五（昭和四十）年に、日本国有鉄道の名で『東海道新幹線工事に伴う埋蔵文化財発掘報告書』として刊行されている。私はこの本の後記に、次のような文を記している。

「東海道新幹線の工事に伴い、この予定路線にある埋蔵文化財包蔵地が破壊され消滅され、或いは盛土の下に深く埋められて永久に没するに至ることは当然予想されるところであった。工事の施行者である国鉄当局は、この問題について重視し、工事に先だってその対策を講じたことは、まことに時宜を得た措置であった。かくして国鉄当局は文化財保護委員会と協議するところがあったが、国鉄で最も関係の深い用地課と、文化財保護委員会で、埋蔵文化財と史跡名勝天然記念物を管掌する記念物課との間で十分に打ち合わせをなし、関係各都道府県の教育委員会の協力をもとめ、専門学者を委嘱して、まず予定路線を中心として、二キロメートル幅の範囲について埋蔵文化財包蔵地の地点を地図に記入し、あわせて地名表を作成することにした。

この工事は、昭和三十五年二月から、三十九年三月にわたって行われたが、幸いにして多くの協力者の努力によって一応の完成をみることができた。この資料にもとづき、包蔵地として最も重要と見なされるものについては、路線を変更してもらうとかの方法も講じ、新幹線計画に寄与をなすところが多かった。しかもこの調査は、この後に文化財保護委員会で計画した全国の遺跡台帳の一つの先駆的な役割を果たし、また各都道府県における専門学者の協力の態勢をもり上げたものとして注目されるものであった」と。

ちなみに、静岡県磐田市の松林山古墳が路線にかかることになった。この古墳は、古式の性格をもつ重要な前方後円墳であり、県の史跡に指定されていた。変更を申し入れ、いまそのまま残されている。私は、昨年（一九九九年）、そばを疾走する新幹線をながめながら、もろもろの感慨にひたるものがあった。

七七――埋蔵文化財保存の危機

一九五〇（昭和二十五）年に、文化財保護法が公布されたが、高度の経済成長は各種の開発事業を活発化、かつ大型化させ、各地の埋蔵文化財の包蔵地すなわち考古学上の遺跡の危機となった。そして、これは特に一九五五（昭和三十）年のころから次第に深刻化した。日本考古学協会の総会でも、この問題は論じられた。一九五九（昭和三十四）年の毎日新聞は「失われる埋蔵文化財」と題する文を発表し世論に訴えるところがあったが、私は、共同通信の求めに応じ「埋蔵文化財の危機―国民共用のものとしての保存と活用」と題する次の一文を草し、昭和三十四年五月十三日に各地の新聞に掲載された。

「最近、これらの文化財が、住宅団地や交通施設や開墾等の活発な土木工事によって、大規模に破壊されようとしている。一方、興味本位な意欲で発掘されることも絶えないようである。埋蔵文化財の保護について真剣に考えなければ、やがてはこれらの貴重な遺産もすべてこの国土から失われてしまうであろう。まさしく今日の危機である」と。岡山大学の近藤義郎氏も、昭和三十七年四月刊行の『世界』の誌上で「埋蔵文化財の危機」と題する文を発表した。京都大学の樋口隆康氏も、『朝日ジャーナル』（五―二五、昭和三十八年）に「遺跡保護と国土開発との共存を」の文を発表した。

一方、各地における保存運動もさかんに行われた。たとえば、昭和四十三年に、岡山市の弥生

津島遺跡の調査

時代の津島遺跡が武道館の建設により、破壊消滅されようとしたときは、研究者により保存運動が展開、調査され一部は現在史跡公園として残された。長野県では、諏訪郡原村の阿久遺跡があった。この遺跡は、縄文時代の前期から中期にわたる集落遺跡であり、祭祀跡であるが、中央自動車道の開設により破壊されようとして一九七六（昭和五十一）年地元を中心とした保存運動が起こり調査された。その結果、設計変更がなされ、一部は盛り土により保存されることになった。

このような情勢に呼応するように、日本考古学協会の編集によって『埋蔵文化財白書—埋蔵文化財破壊の現状とその対策—』（昭和四十六年、学生社）、『第二次埋蔵文化財白書』（昭和五十六年、同）が刊行された。これらには、各地の保存と破壊の記録が集成されている。

開発事業に伴う調査の件数は、昭和五十四年度の場合、次のような種類と件数があった（『奈良国立文化財研究所文化財ニュース』二七号）。

宅地造成・住宅建設　二九九八

水道・ガス・電話線埋設	一四九四
農地関係開発・土地区画整理	一〇〇九
工場・住宅・校舎以外の建物建設	九〇六
道路・鉄道・ダム・空港等	六〇一
観光開発等	五八四
学校地造成・校舎建設	三九一
自然消滅等	二九五

七八――風土記の丘史跡公園

各地を旅行すると、史跡公園の中に「風土記の丘」という名称のもとに、国の指定史跡を中心に保存整備され、活用されているものがある。この名は、奈良時代に編さんされた「風土記」すなわち、『常陸国風土記』『播磨国風土記』『出雲国風土記』『豊後国風土記』などからヒントを得たものであった。

そして、この建設の事業は、一九六六（昭和四十一）年から始まっている。この年、史跡をより広く、国民に親しまれるものにするために、周辺の環境や史跡としての性格などをも考慮に入

銚子塚古墳

れた歴史センター的なものが計画された。「歴史の広場」などの案もあったが、結局「風土記の丘」に落ち着いた。

実は、このころ、私は文化財保護委員会にいた関係でその経過などを見てきた。なお、風土記の丘設置要項には、その目的として、

「各地方における伝統ある歴史的、風土的特性をあらわす古墳、城跡などの遺跡等が多く存在する地域の広域保存と環境整備を図り、あわせてこの地域に地方文化の所産としての歴史資料、考古資料、民俗資料を収蔵、展示するための資料館の設置等を行い、もって、これらの遺跡および資料等の一体的な保存および普及活用を図ることを目的とする」

とある。

その第一号は、宮崎県西都市の西都原古墳群であり、これについては、「宮崎県西都原古墳群の発掘」で述べたが（第三章二十六）、それから半世紀を経過して「風土記の丘」としても整備され史跡公園として活用されることになったのである。その後、各地で設けられた。

そのいくつかの例を紹介すると、大分県宇佐市では、赤塚古墳を中心とした「宇佐風土記の丘」

がある。島根県では、岡田山古墳等を取り入れた「八雲立つ出雲風土記の丘」がある。山梨県では、銚子塚丸山古墳上ノ平遺跡を中心に「甲斐風土記の丘・曽根丘陵公園」が設けられている。

関東地方では、栃木県に下野国分僧寺・尼寺跡を中心に「しもつけ風土記の丘」があり、侍塚古墳、那須郡衙跡等を中心として「なす風土記の丘」がある。

埼玉県では、埼玉古墳群を中心として「さきたま風土記の丘・埼玉古墳群史跡公園」が設けられた。千葉県には、岩屋古墳、龍角寺等を中心として「房総風土記の丘」がある。ちなみに、『千葉県立房総風土記の丘年報』（昭和五十二年）には、千葉県の考古学の調査に力をつくした、早稲田大学教授滝口宏氏の文があり、この中に、「《風土記の丘》という言葉は、文化庁の発案である。記念物課長をしていた柳川寛治氏（のちに文化庁次長・参議院議員）からこの言葉をはじめて聞いたとき、広域保存の主旨には大賛成であったが、言葉にはなじめなかった。《風土記》という字は古いもので、それなりの概念がある。それに新しい意義を込めることにはこだわりがあった」と述べている。

いま多くの人が、これらの整備された風土記の丘史跡公園をまわりつつ、はるかな古代文化をしのぶとき、この名の由来についても理解をもっていただきたいと思う。

七九――伊場遺跡と訴訟問題

遺跡は文化財として保護されなければならない。しかも、遺跡には、それぞれ、土地としての所有者がおり、関係をもつ人がいる。

一方、高度の経済成長は、さまざまな開発事業の活発化を促し、遺跡に対する破壊も著しくなってきている。このような傾向の中に、保存運動もはげしくなるとともに、訴訟関係の発生もまた各地に展開されてきた。

椎名慎太郎氏の著した『遺跡保存を考える』(岩波新書・平成六年)には、遺跡保存を求める裁判として、難波宮跡(大阪市)・加茂遺跡(兵庫県川西市)・青木遺跡(鳥取県米子市)等の訴訟の例などをあげているが、このような事件の中で静岡県浜松市伊場遺跡の場合は「行攻処分の取消し」という訴訟であり、特殊なものであった。

すなわち、伊場遺跡は一九五四(昭和二十九)年、県の史跡として指定されているが、日本国有鉄道は、この地を高架化事業地として必要のため解除してほしい旨を申請したため、県は一九七三(昭和四十八)年これを解除した。これに対する異議申し立ての訴訟であった。しかも、原告は「自己の権利または利益を侵害され、行政庁の処分に不服のあるもの」でなく、保存運動に参加した人びとであった。

昭和五十四年静岡地方裁判所において判決は「異議申立ては、これを却下する」であった。さらに東京高等裁判所にも上告されたが、平成元年に棄却された。この裁判に関する資料は『静岡県史　資料編二十一、近現代六』（平成六年）に収められている。ちなみに、この訴訟や保存運動の中心をなしたのは、遠江考古学研究会であり、全国的に、その波紋を広げ、考古学界において忘れられないものとなったが、遺跡の愛護思想を人びとに根強く植えつけた。

さて、伊場遺跡は、浜松市西伊場町にある。東遺跡・西遺跡にわけられているが、県が指定したのは東遺跡であり、一九四七（昭和二十二）年から行われた静岡市登呂遺跡の発掘のころから弥生時代の遺跡として知られ、私も、そのころ、現地を訪れたことがある。浜松市では、国鉄による事業に対処するため調査団を編成し、発掘にあたることにした。そして、団長に私が委嘱された。

伊場遺跡の調査

私は、これまでのながい経験により高架関連工事が、市の発展や市民の生活のため、どうしても、やむを得ぬものであることを知り、むしろ、事前の調査を、学術的に悔いのないようにすべきであると判断し、これを引き受けたのであった。そして、現地の調査主任向坂鋼二氏等と協力し、一九六九（昭和四十四）年から一九八一（昭和五十六）年にわたり、調査を続けた。

弥生時代の遺構の検出のほか、ことに西遺跡は、律令制時代の重要な遺構群が明らかにされ、百点余の木簡をはじめ多くの資料が検出され、駅跡か郡衙跡と関係するものであることも考えられた。浜松市では伊場遺跡のそばに資料館を設け、史跡公園の実現ともなった。市教育委員会からは、数多くの関連報告書が刊行されている。また木簡は「伊場木簡」として学界に周知された。

八〇――三内丸山遺跡と吉野ケ里遺跡

二十世紀の後半において、縄文時代・弥生時代の遺跡の発掘調査で、大きいニュースとなったものに、青森市の三内丸山遺跡と佐賀県神埼郡三田川町・神埼町の吉野ケ里遺跡がある。この二遺跡は、開発事業のため調査され、しかも遺跡の重要性により破壊消滅することなく、特別史跡として保存され、新たな観光資源となったことでも、共通したものがある。

さて三内丸山遺跡は、かねてから周知されていたが、一九七六（昭和五十一）年に青森県教育委員会により運動公園西駐車場建設予定地が発掘調査され、縄文時代中期後半の土坑墓五十六基が発見されたことが端緒となり、調査が進められ、平成四年度に、総合運動公園拡張事業の県営野球場建設に伴って、三塁側スタンド部分から調査に着手した。その結果、縄文時代前期末葉の大型住居跡や、整然と配置された中期の成人用土坑墓、直径八十五センチのクリの巨木を使った

三内丸山遺跡（左）と吉野ケ里遺跡

大型掘っ立て柱建物跡が発見され、次第に注目をあびた。

平成五年度は、第六鉄塔地区を調査し、前期中葉の泥炭層から骨角器、編み物、漆器、袋状製品、動植物遺体などが出土した。また、中央部分から、中期後半の長軸が三十メートルを超える大型住居跡が検出された。つづいて平成六年度には国内で初めての出土例の掘り棒や漆器等が出土した。さらに調査区北西端から、中期後半の直径約一メートルの太い柱を使用した大型掘っ立て柱建物跡が発見され、全国的に注目された。

一九九四（平成六）年七月十七日の河北新報が第一面に、本紙も社会面に、「高さ二〇メートル　吉野ケ里しのぐ」「径八〇センチ・木柱群確認」「縄文集落に巨大な楼閣」のような見出しで大きくニュースとしてとりあげた。

三内丸山遺跡は、前期から中期にわたる長い間集落として存続し、しかも建物技術とともに、墓地を備えていることで、従来の素朴な縄文時代観を打ち破った。

吉野ケ里遺跡は、一九八六（昭和六十一）年五月から一九八九（平成元）年四月までを第一次として県教育委員会によって調査された。本来、この遺跡は、工業団地造成計画に関連し、調査されたものであり、開発にともなう事前の調査でもあった。

しかし、弥生時代中期から後期に入るころの環濠《かんごう》集落遺跡の形態が明らかにされ、墳丘墓、甕《かめ》棺墓群等の所在も知られた。この墓群は殉葬的な性格も考えられるものであり、当時の社会構造を知る重要なものであることが判明した。これも、大きいニュースとして全国に報道され、工業団地造成の計画もとりやめられ、史跡公園として保存されることになった。このような事態に展開したことについては、一九八六（昭和六十一）年のころ、調査に関係した人びとの何人も予想しなかったことでなかったろうか。

そして、調査は、今なおその周辺に対して行われ、重要な発見が次から次へと加えられている。

八一――銅鐸の発見

銅鐸《どうたく》は従来、一口または数口が同一の個所から発見されることが普通であったが、一九六二（昭和三十七）年の七月、滋賀県野洲郡野洲町小篠原の大岩山といわれる山丘から、東海道新幹線採土の工事のためブルドーザーを動かしていたとき偶然発見された場合は、十四口の多数であったことで注目をひいた。

私も発見の直後、現地に行ったが、水野正好氏の調査によって、入れ子式に三組ぐらいになっていたことも明らかにされた。氏はいう。

「三組九鐸と流水文の一鐸は、埋存地を確定しえないが、それぞれ発見期日が相異し、南上段は西から東へ採土を進めた事実よりして流水文鐸《りゅうすいもんたく》は大岩山頂部、また袈裟襷文《けさだすきもん》九鐸はやや東斜面に存したものと考えられる」(『考古学年報』十五・昭和三十七年度)と。

つづいて一九六四(昭和三十九)年の十二月には、神戸市灘区桜ケ丘で、十四口の銅鐸と七本の銅戈《どうほこ》とが一括して発見された。この地は、神戸市の北東部にあたり、標高二百四十六メートルの山丘の頂上近くの、神戸市をのぞむがわと反対の裏がわにあたるところである。

桜ケ丘銅鐸の発見地(上)と銅鐸の一部

かねて採土場になっていたが、十二月十日花崗岩風化層の地肌の露呈している個所を、一人の作業員が、つるはしでうちおろしていたところ、その先端に金属らしいものに当たった音響が聞こえた。そして異様な青銅物がかなり埋もれていることに気付いて、これらを掘り出した。

これらは、はじめ関係者の自宅にもちこまれたのであった。その関係者は、近くの小学校に鑑定をもとめるため持参し、これを見た同校教諭は、これらが銅鐸と銅戈であることを知って驚き、校長に報告し、校長は神戸市教育委員会に報告し、さらに市教育委員会は県教育委員会に通報し、県は文化財保護委員会記念物課に電話報告した。そこで私も事実を知ったのであった。

その日の午後、銅鐸発見は各報道機関にもたらされ、報道関係の活動ともなった。その後、辰馬悦蔵・武藤誠両氏が、県文化財保護委員の立場で正式に調査し、梅原末治氏もまた参加した。そして、同月十三日から同十五日にわたり、出土地点の調査を行なった。調査の結果は、昭和四十七年九月に発行された『桜ヶ丘銅鐸銅戈調査報告書』の中の武藤氏による「発見の契機と調査の経過」にくわしい。

銅鐸は、各地でも発見されているが、神戸市の場合は、これまでの発見の中では、最多数であり、しかも銅戈十四本も伴出している。そして、銅鐸には、絵画がほどこされ、従来発見されているものと、図柄が共通しているなど、重要な意義をもたらすものであった。

その後、県教育委員会によって昭和四十七年に先に述べたような調査報告書が刊行された。また銅鐸等は、幸いに市で収蔵施設を設け、一括して保存活用されることになった。さらに、島根県では、加茂岩倉遺跡・荒神谷遺跡においても銅鐸の新発見があった。これについては、第十章九三に項をあらためて述べることにする。

八二——辛亥銘鉄剣の発見

「辛亥《しんがい》の年七月中、記す。ヲワケの臣の上祖、オホヒコ。其の児タカリのスクネ。其の児の名テイカリワケ。其の児の名タカハシワケ。其の児の名タサキワケ。其の児の名ハテヒ。其の児の名カサヒヨ。其の児の名ヲワケの臣。世々杖刀人の首として、事奉《つか》り来り今に至る。ワカタケルの寺（侍）として、シキの宮にありし時、吾れ天下を左《たす》け治めたり。此の百練の利刀を作らしめ、吾が事え奉る根源を記す也」

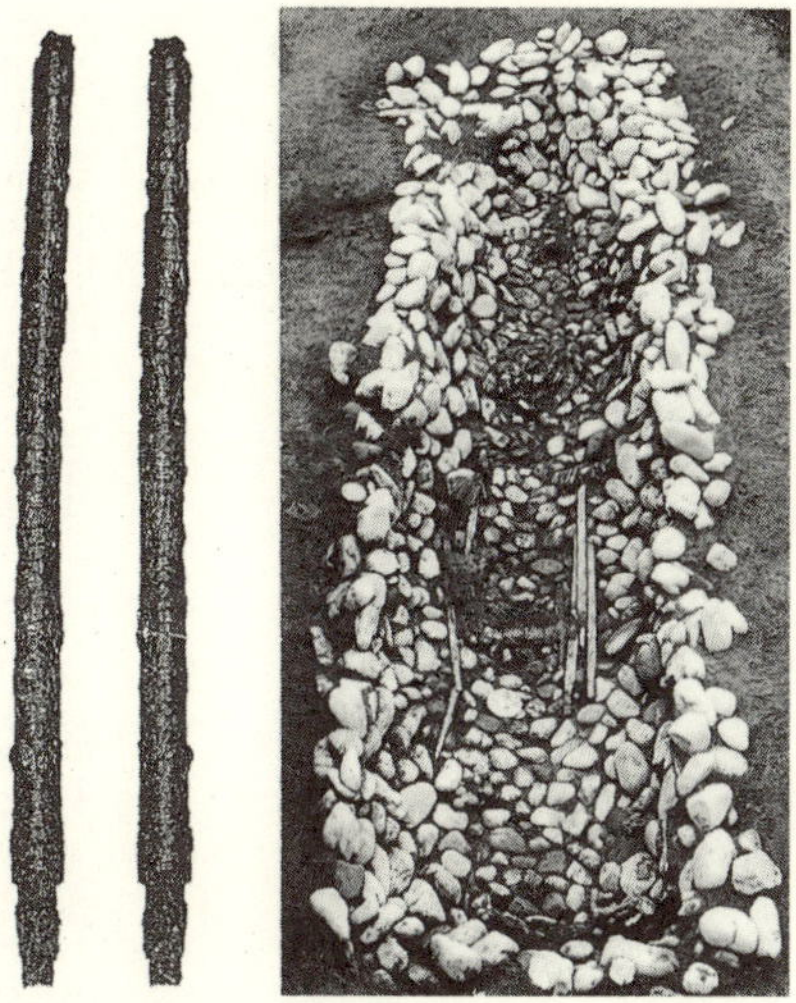

稲荷山古墳の内部と鉄剣

　読み方に、いろいろな説があり、ことに「寺」を役所と解し「大王の役所がシキの宮にありし時云々」とする説が定着しているが、私は「侍」と読んでいる。とにかく金象嵌《ぞうがん》による三十一文字の漢文体である。辛亥は四七一年とされている。しかし、五三一年説もある。そして、ワカタケル大王は雄略天皇と考えられる。文にはこの雄略天皇に杖刀人（皇室護衛の任にあたる武人）として仕えた「ヲワケノ臣」が登場する。そして、その栄光の輝く系譜を顧る。

　この貴重な文を刻したことが明らかにされたのは、一九七八（昭和五十三）年九月、奈良市にある財団法人元興寺文化財研究所の科学的な操作の結果であった。この鉄剣は、これにさかのぼる十年前の埼玉県行田市埼玉《さきたま》古墳群の中の稲荷山古墳の調査によって検出されたものであった。これは、私自らの手によってとりあげ陽光をあびたのであった。一九六八（昭和四十三）年の七月である。

埼玉県教育委員会から「さきたま風土記の丘」整備事業に関連し、古墳の発掘の指導を依頼された。調査には幸いに県職員の柳田敏司氏や栗原文蔵氏の考古学者も参加するというので快く引き受けた。古墳は前方後円墳で早く前方部は除去されたものであったが、周辺の古墳などの特色と照合すると、年代的にやや下降し、横穴式石室の存在も予想されるものであった。

しかし、我々は東国には新しい時期の古墳にも古い伝統をそなえる棺槨の施設の多いことにかんがみ、頂上部の発掘をし、この部分に粘土槨《かく》と礫槨《たつかく》とのあったことを確認した。礫槨は粘土槨と異なり盗掘の厄にもあわず、そのままの姿で残されていた。慎重に内部の検出にとりかかり、鏡・勾玉・大刀・剣・挂甲《けいこう》・馬具等の埋存していることを見届け、やがて遺骸の安置された部分で一振りの鉄剣をとりあげたのであった。

そして十年後、この剣に、銘文のあることがわかり、大きい反響をよんだのである。私自身発見者の一人として、マスコミの中に巻き込まれたが、この鉄剣銘が発見されるや、畑和知事を中心とした県の対応は、まことに見事なものであった。

その後、昭和五十八年には、島根県松江市大草町にある岡田山古墳一号墳発見の円頭大刀にも元興寺文化財研究所により「額田部臣」の文字のあることもわかった。また、一九八八（昭和六十三）年一月には、千葉県市原市稲荷山一号墳出土の鉄剣に「王賜」の銘のあることが明らかにされた。

八三――高松塚古墳の壁画

一九七二（昭和四十七）年に、奈良県高市郡明日香村の高松塚古墳に壁画が発見されたことは、恐らく、二十世紀における考古学上の最も顕著な発見の一つとしてとりあげてよいであろう。そして、この発見にともなって、文化庁がいち早く関係者や地元と接触し、高松塚古墳総合学術調査会を設けて、その学問的な調査を推進させるとともに、特別史跡に指定し、現代の科学の最高の技術を用いて、壁画の保存に積極的であったことも、壁画の価値を認識した国民の反響に応えたものとして、ながく記憶されるものであろう。

しかも、この総合学術調査会には、日本の学者のほかに、朝鮮民主主義人民共和国（北朝鮮）・韓国・フランスの学者を招聘《しょうへい》し、広く、学問上のことや保存についても、参考意見を聞いたことは、画期的なものであった。ちなみに、私は、その後、北朝鮮を訪れたとき、関係者から話を聞いたが、日本に来るためにヨーロッパを経由し、一週間かかったという。そのころ、最も近くして最も遠い国でもあったのである。

高松塚古墳の壁画（筆者撮影）

　さて、この古墳は、奈良県高市郡明日香村上平田にある。この地を訪れ、この古墳の外形に接し、財団法人飛鳥保存財団経営による資料館で壁画の模写を見る人はあとを絶たない。

　この古墳は、江戸時代には、文武天皇陵にされていた。このころの陵墓図等を見ると、頂上に松樹のある姿のものが描かれている。高松山ともいわれていたが、塚の名も、これにもとづくものであろう。この地周辺も、次第に宅地開発の対象となり、一円墳としての形状を示すこの古墳も、近い将来、破壊湮滅《いんめつ》の危機のあることも憂慮された。

　明日香村では、その保存の対策のため橿原考古学研究所に調査を依頼することになり、末永雅雄氏が中心となり、伊達宗泰・網干善教両氏が現場の指揮をとることになった。このようにして、この年の三月二日に測量に着手、六日に慰霊祭を行って発掘開始という段取りになった。三月二十日、横穴式石室の天井石に達し、二十一日、南寄りの壁石に盗掘孔のあることを発見した。そこから懐中電灯で内部を照射した。そのとき、壁面に鮮麗な人物像の画かれていることを発見したのである。

男女の人物群像、玄武・青竜・白虎、日月像などの壁画が、彩色をそのままにして、飛鳥の一角の古墳の中に秘められているとは誰が考えたであったろうか。

このニュースは日本中を沸き上がらせ、学者により多くのコメントも載せられ、その系統や、時代、被葬者の問題なども語られた。これらの中で目立ったのは、これが高句麗古墳壁画の影響という説であり、次第に定説化しつつあったようである。私はこのころ、中国を旅行しシルクロードの一地域を歩いていた。帰ってから、これらの関係記事に目を通したのであったが、毎日新聞に依頼され「高松塚壁画の性格づけ──高句麗系統論に固執せずより広い視野で再検討を──」の文を発表した。

第九章　絢爛たる発見と発掘

八四——東国の壁画古墳

古墳の横穴式石室の壁画に色彩による絵画のある例は、その本格的な発達の地として、北九州の地、さらには、終末期古墳の特異な例として、奈良県高松塚古墳、亀虎《きとら》古墳などがあげられるが、東国の地に、この種のものがあることが明らかにされたのは、二十世紀における学問的な収穫といってよい。

また、横穴に線彫りによる絵画のある例も、大阪府柏原市の高井田横穴の人物像をはじめとして、各地に分存しているが、茨城県のほか、東北地方の福島県、宮城県に色彩によるものの、いくつかの存在が明らかにされたのも、特筆すべきことであった。

茨城県の例は、勝田市の前方後円墳虎塚古墳で、一九七三（昭和四十八）年に調査された。調査は、勝田市史編纂委員会の依頼で、大塚初重氏が団長となり、八月十六日から行われた。そして九月十二日石室開口ということになったが、あらかじめ、東京国立文化財研究所に依頼し、江本義理氏が現地で科学的な措置をとるなど、万全の策をたてた。やがて、赤色の円形の図文列をはじめとする見事な壁画を奥壁に見いだしたのであった。

横穴に色彩のある壁画は、宮城県志田郡三本木町の山畑横穴で一九七一（昭和四十六）年発見された。赤色の珠文《じゅもん》群の構成であり、東北地方の最北の一例として注目されるものであった。

一方、福島県において、清戸迫《きよどさく》横穴、中田横穴に、それぞれ重要な内容の壁画が発見され、この地域における横穴壁画文化が、早くに発見された泉崎横穴の例とともに、きわめて特殊性のあることが認識された。

　清戸廹横穴は、双葉郡双葉町にある。一九六七（昭和四十二）年十一月、双葉南小学校を新築するための敷地造成工事中に偶然発見されたもので、渡辺晴雄・梅宮茂両氏らによって調査された。壁画は奥壁中央正面から向かってやや左寄りの上方に大きいうずまき文を描く。その外端の条線は向かって右の方に派出して、人物の上腕部につらなっている。この人物も、高さ約七十二センチで、帽をかぶり正面を向き、左手をのばし、右手を腰にあてているもので、太いズボン状の褌《はかま》を着用し中央でくくっている。この人物の向かって右下にも騎馬人物が描かれている。また、弓をもつ人物のほかに、鹿・犬などの動物群があらわされ、狩猟の光景を示している。

　私は、大きい人物は、被葬者であり、うずまき文は、マジナイ的なものであり、狩猟文は死者の生前のはなやかな、一場面をあらわしたものと考えている。

　その他、一九六九（昭和四十四）年には、いわき市中田横穴の内壁に赤色の三角並列文を配した壁画が発見された。県道新設工事の際、発見され、渡辺一雄氏らにより調査された。私も、発見直後に訪れたが、壮大な三角文は妖しく

中田横穴の三角文（筆者撮影）

ほの暗い室内をいろどっており、まるで幻想の世界に立っているようであった。これは、装飾の文様でなく、マジナイの意味をもち、死者を保護したものではなかろうか。

八五――古代宮殿跡

二十世紀における考古学上の発掘調査事業の中で、調査範囲も広大で、かつ長い年月にわたって継続され、その成果が、古代史はもとより建築史学・歴史地理学等にも及ぼした例として、古代宮殿跡をあげるべきであろう。しかも、これらの重要な遺跡は、ながい年月の間に、その所在さえ明らかにされず、まして建物跡などは全く未知の世界に放置されていたのであった。このことは、奈良の都の平城宮跡においてすらいえるのである。

現在、発掘され整備されている大極殿の跡も、今から百一年前の明治三十二年にようやく、その所在が、明らかにされたのであり、それまで荒廃の状態におかれていた。

このような宮殿跡に対して、国あるいは県や市が中心となって発掘調査が行われたのは、一九二三（大正十二）年からの平城宮跡に対してであった。国の史跡に指定され、その保存工事に関連したもので、文部省から派遣された上田三平氏がこれに関係した。

氏は「所在地の人々でさえ、従来学術的に顕著であった平城宮については何等の自信を有していなかった」（『史跡を訪れて三十年』昭和二十五年）と述べている。
また、一九三〇（昭和五）年には滋賀県甲賀郡信楽町にある聖武天皇の皇居であった紫香楽宮跡に対し、県により、肥後和男氏を中心とする調査がなされた。奈良県橿原市の藤原宮跡の調査も、日本古文化研究所により、一九三四（昭和九）年から行われたが、大極殿跡に対しても「伝承地」という慎重な態度をとったぐらいであった。大阪市難波宮跡は、一九五二（昭和二十七）年から大阪市立大学の山根徳太郎氏を中心として調査が進められ、のち、大阪市による難波宮址研究会によって続けられ、大極殿跡等の検出に成功した。

都会の中の難波宮跡

　一方、京都府向日市、長岡京市にまたがる長岡京跡も、一九五五（昭和三十）年に中山修一氏による会昌門跡の発見以来、府・市教育委員会によって継続調査され、大極殿跡をはじめとし、その宮跡の全貌《ぜんぼう》を明らかにすることに成功した。

　古代宮殿跡の調査は、二十世紀の後半に至って、いちじるしく進捗《しんちょく》し、あわせて、その保存整備事業も活発になった。ことに従来、その所在はもとより宮名すら不明であった飛鳥地方の宮殿跡の、飛鳥浄御原宮跡・小治田《おはりだ》宮跡なども検出された。さらに、難波宮跡も、ビルの群立する繁華な都市の一角に史跡公園として保存整備された。

藤原宮跡も、奈良県教育委員会等によって調査が進められ、広大な面積をもつ全域が究明され、大極殿跡を中心とした地域は見事に整備された。また、新たに「戊申年」の紀年銘の木簡も発見され、六四八年とみとめられることにより二時期の造営も考えられた。

長岡宮を中心とする長岡京の地域も向日市埋蔵文化財センターと古代学協会とによって調査が継続され、離宮跡も確認されている。平城宮跡も、多年にわたる奈良国立文化財研究所の調査の成果をもとに整備され、新たに朱雀門も復元された。

八六——大宰府と多賀城

福岡県太宰府市にある大宰府跡、宮城県多賀城市にある多賀城跡。前者は律令国家体制のしかれた古代において、西海道の諸国の政治の中枢機関として、さらには、大陸に対する備えとしても、政治的にも軍事的にも重要な意義をもっていた。後者もまた、古くは「陸奥鎮所」の名をもち、さらに鎮守府として、東北地方の政治・軍事上の重要な拠点として発達した。

大宰府跡は史蹟名勝天然紀念物保存法が施行されるとともに、一九二一（大正十）年にその第一回として、国の史跡に指定され、多賀城跡もまた、同十一年に国の史跡になった。戦後文化財保護法が制定され、特別史跡の規定がされたのにともない、ともに特別史跡に指定された。

大宰府跡については、早く鏡山猛氏によって考古学的な研究がされたが、一九六八（昭和四十三）年十一月からは、福岡県教育委員会によって本格的な調査が開始され、その後、九州歴史資料館が太宰府町（太宰府市）内に設けられ、その事業に移管された。

昭和五十三年には、福岡県教育委員会・九州歴史資料館共催による「発掘一〇周年記念大宰府展」が開催された。その際刊行された『大宰府発掘―この一〇年の成果と今後の課題』の記事の冒頭に、次の文がある。

大宰府跡（上）と多賀城跡

「昭和四三年から始まった発掘調査は、この一〇年間に政庁跡を中心に学校院跡、条坊地区、大野城、水城、観世音寺、筑前国分寺の各遺跡に及んでおり、今後の研究に手がかりを得ることができた。その反面未解決な点も多く、また新しい課題として将来に課されている点も多い」と。そして、政庁の正殿跡・南門・中門・脇殿等の重要遺構は、三回の建て替えによったことも知られた（『大宰府史跡—昭和四三年度発掘調査の概要』昭和四十四年・その他各年次報告）。

多賀城跡も早くから土地の研究者によって関心が寄せられていたが、昭和三十五年から、宮城県教育委員会・多賀城町（多賀城市）及び河北文化事業団からなる多賀城跡発掘調査委員会により、昭和四十年まで継続された。その後昭和四十四年から宮城県多賀城跡調査研究所が設けられ、政庁地区はじめ、その外郭線等の究明に大きい成果をあげ、瓦や土器等の検出に基本的な研究資料を提供してきたが、昭和四十五年には漆紙《うるしがみ》文書の発見があった（宮城県多賀城跡調査研究所『多賀城漆紙文書』昭和五十四年）。

漆書文書とは、漆の容器のふたを使った反古《ほご》紙などの文書で、漆がしみこんでいるため、幸いに良好な状態で土中に遺存したものである。したがって、その反古となって文書に記された内容に重要な記録が秘められていたわけである。この文書の発見は、この種の古代遺跡から紙質関係の資料は発見されないという観念を打ち破った画期的なものであった。木簡の発見とともに、古代史の研究を前進させる重要な資料であった。

大宰府跡と多賀城跡は、次に述べる官衙《かんが》遺跡の中に含まれ、北と南を代表する重要なものがある。

八七——官衙遺跡

下野国庁跡の東殿跡

官衙《かんが》遺跡という言葉は、新しい学術用語である。私は、『日本考古学用語辞典』（学生社）の中で説明している。「とくに古代における国庁・郡衙や大宰府をはじめ官衙の性格をもった遺跡に対していう。近年、新たな考古学の一つの特色は各地でこの種のものが発掘調査されていることである」と。

この官衙遺跡の中で、国庁は、地方行政機関として国々に設けられた施設で国衙《こくが》ともいわれ、ここを中心として地方都市としての国庁があり、古代史にとって重要な意義をもっている。

ちなみに、このような国府のあった地は、現在府中（東京都）、防府（山口県）、鴻の台・国府台（＝こうのだい千葉県）などの地名で伝えられ、国庁のあった地域にも、国庁・国衙・国府殿・御所・庁地・長之城等の名で残っている。また、郡衙・郡家といわれるものは、郡庁であり郡の役所であった。ここを中心として、郡内の一大集落も形成された。

これらの遺跡において国庁跡の主要な建物は正殿であるが、その後方に後殿があり、正殿の前の左右に東脇殿・西脇殿が長くならび、正殿の前面には門のあることが普通である。これは朝堂院の配置を小規模にしたものである。他に雑舎・倉庫等が存在する。

国庁跡の調査は、早く一九六一（昭和三十六）年から四カ年にわたって行われた山口県防府市の周防国庁跡が学術的な調査として、古い例の一つであり、この調査には私も関係した。また、滋賀県大津市にある近江国庁跡も、昭和三十八年・三十九年にわたり調査され、その後も調査が続けられた。島根県松江市の出雲国庁跡は昭和四十三年から同四十五年にわたり調査された。これらは、史跡として整備されている。

新しく大きい成果をあげたものに、栃木県栃木市にある下野国庁跡がある。従来伝承されている地域はなんらの遺構をとどめず、広々とした田園地帯であった。その地にも大規模な開発が計画されることになり栃木県教育委員会による調査が行われ、その中枢の地が宮部神社周辺の地であることがわかり、正庁・脇殿・門跡も判明し、あわせて下野国庁全域の規模を明らかにすることができた。なお、東国の国庁跡については、寺村光晴・早川泉・駒見和夫諸氏共編の『幻の国庁を掘る—東国の歩み—』（平成十一年、雄山閣）が刊行された。

次に郡衙関係の遺跡として、静岡県藤枝市御子ケ谷遺跡があり、日本住宅公団による事業に関連して市教育委員会が中心となり調査され、昭和五十二年には、三十棟に近い建物遺構の検出にも成功し、郡衙の所在を示す「志太少領」などの墨書土器も発見された。

また、鹿児島県では、川内市西ノ平遺跡が、池畑耕一氏等によって調査され、薩摩郡衙跡とも推定された。栃木県の小川町にある那須郡衙関連の遺跡も現在県教育委員会により進められており、『那須官衙関連遺跡発掘調査報告Ⅱ』（平成十二年三月）も刊行されている。

八八――国分寺跡

国分寺に対する学問的な視点は、明治のころから向けられていた。この研究は日本の文化史あるいは仏教考古学にとってもきわめて重要な意義をもっているからである。七四一（天平十三）年、聖武天皇の詔にもとづいて、全国に設置された国分僧寺、国分尼寺は、まことに「国の華」であり、それぞれの地域の仏教振興の聖地となり、文化発達の中枢の地ともなっていた。そして、現在まで、その法燈が続いているものもあり、また法燈は絶え、草むらや畑地の中に礎石の埋もれているものもある。

ことに尼寺の跡は、その所在すら不明のものもあり、従来伝承されていた地域が誤っていたものもある。しかもかつては国分寺の建物は回廊がなかったということも学界の定説になっていたくらい未熟なものがあった。

国分寺に対する総合的な研究は、早く一九三八（昭和十三）年、角田文衛氏編による『国分寺の研究』の上下二冊の刊行により、著しく前進した。そして今、同じく同氏編による『新修国分寺の研究』（吉川弘文館）が一九八六（昭和六十一）年に第一巻刊行にはじまり、一九九七（平

遠江国分僧寺跡

成九）年の第七巻補遺をもって終結した。

旧『国分寺の研究』と補遺の刊行との間に六十年の経過があり、それぞれの内容を比較するとき、調査の結果にもとづく報告には寺域の確認・規模・堂塔の配置・付属建物の顕現などに格段の相違があり、そこに学問の進歩をおのずから語っている。

なお、私は、この第六巻の総括編の中に「国分寺跡の規模と建物」と題する文を発表し、それまで明らかにされた各地の国分僧寺・尼寺跡の成果をもととして整理した。

国分僧寺跡の調査において、最も重厚な歴史をもつものは、東京都国分寺市にある武蔵国分寺跡である。現在なお国分寺市遺跡調査会を中心として調査が進められている。

さて、私自身と国分僧寺・尼寺跡との関係にも深いものがあった。私は一九五一（昭和二十六）年石田茂作氏とともに、静岡県磐田市の遠江国分僧寺跡を調査し、新たに回廊の所在を明らかにした。

その後、茨城県石岡市の常陸国分僧寺の境内地の一部を調査し、鐘楼跡を明らかにしたが、そのとき境内地の東にある「カラミドウ（伽藍御堂か）」といわれている地のあることがわかり、この跡を塔跡とみなし、寺域の広大なことを考えた。

また栃木県南河内郡国分寺町の下野国分尼寺跡は、たまたま工事の際、礎石が発見されたことが動機となり、私が県教育委員会から調査を依頼され、多くの学友の協力のもとに中門・金堂・講堂の遺構を畑の中から明らかにした。長野県上田市の信濃国分僧寺跡の調査では、塔の所在地等を確認するとともに、その西に接して尼寺跡が桑畑の中に埋もれていた。

それぞれの地域における多くの研究者による調査の成果にも重要なものがあり、ことに寺域の究明は従来考えられていた二町四方というような単純なものでなく、また下野国分僧寺跡のように南大門が南限でなく、さらに寺域は南にものびていることもわかった。

八九——古代の官道

最近「東海道ルネッサンス」などという言葉もささやかれ、かつての道路は再整備され、地域振興の一助ともなっている。

たしかに古い道路は人びとのあらゆる面の歴史や文化を反映し、限りない魅惑が秘められている。ことに古代道路の中の官道は中央政府と地域政治機関との連絡の上に大切な意味があり、そのルートの究明はもとより国庁・国府の条里制・駅制などとの関係において、学問研究の上に重要な課題が含まれている。これまで多くの古代史家や歴史地理学者や考古学者が、その研究に取り組んだのも当然のことであった。

長野県の生んだ史学者一志茂樹氏は『古代東山道の研究』（平成五年）を著し、また静岡県地域史研究会では『東海道交通史の研究』（平成八年）を刊行したことも、古代官道に対する学問的な関心のあらわれであった。

さて、古代における官道は、大路・中路・小路の三等に区別される。大路として山陽道、中路として東海道・東山道、小路として北陸道・山陰道・南海道・西海道が規定された。ちなみに一日の行程は、馬を利用する場合七十里（昔の一里は約六百五十メートル）、徒歩の場合五十里である。

これらの官道の名残は、現在も一部はその面影をとどめるものがあるとしても、ほとんど都市や畑地の下に埋もれたり、失われたりしている。

旧東海道跡（静岡県埋蔵文化財調査研究所撮影）

新しい調査は、東海道の一部を顕現させることに成功した。この遺構は、私の関係している財団法人静岡県埋蔵文化財調査研究所で、静岡市曲金・池田の地域に東静岡都市拠点総合整備事業にともなう調査中に、平成六年発見された。その位置・方向また出土遺物などから考えて明らかに古代東海道の一部とみなされる遺構であった。

すなわち「両側に幅約三メートル、深さ約六十センチほどの側溝を持ち、両側溝の芯々間距離は十二～十三メートルを測る。路面には細礫が見られるが、使用されていた当時の路面は、道路廃絶後の水田耕作により撹乱《かくらん》されて消滅していると考えられる。側溝には拳大の川原石が散在することから、当時の路面には、このような石が敷かれていた可能性がある」と報告されている。

しかも、この位置は、これまで研究されてきた条里制の方向と、一致していることも明らかにされた。平成六年七月二十九日の朝日新聞に、私は、「古代の政治・文化・経済のかなめの東海道がみつかったことは、古代交通史や土木史解明の上で大変重要な発見」とコメントした。

一九九五（平成七）年には、東京都国分寺市の西国分寺地区遺跡調査会（柴崎正次会長）によって東山道武蔵路の遺構が発見された。坂詰秀一氏は「東山道武蔵路跡検出の意義」（西国分寺地区遺跡調査団）、『推定東山道武蔵路』（平成九年）を発表し、その重要性を述べた。なお、同調査会は一九九六（平成八）年発行の報告書の中で「多くは側溝のない幅十二メートル前後ののとみられた」と発表している。

九〇――草戸千軒町遺跡ほか

従来、考古学の研究の中心は、旧石器時代から奈良、平安時代の古代のころまでにおかれており、それ以降の時代の研究は、城郭、貨銭あるいは金石文資料などが対象にされていた傾向もあった。

このような機運の中にあって、中世、近世における各種の遺跡・遺物に視点が向けられたのは、二十世紀における大きい成果といってよい。その中に広島県福山市の草戸《くさど》千軒町遺跡がある。この遺跡は昭和三年のころより、河床になっている遺跡から、家の柱とか陶磁器なども出土し、土地の人々の注意をひいていた。

戦後、福山市の考古学者村上正名氏は、遺跡に深い愛着を抱いて丹念に表面観察を続けてきたが、ようやくその努力は実り、昭和三十六年福山市教育委員会により最初の発掘が開始され、陶磁器や建物跡を検出した。これ以来、小規模な発掘調査が続けられてきたが、河川改修計画の実施にともない、遺跡の保存にも影響を及ぼす新しい事態が起こってきたため、広島県教育委員会では、昭和四十八年五月から草戸千軒町遺跡調査所を設置し全面的な発掘を行った。

草戸千軒町遺跡

その成果は、各年度ごとに報告書として出版され、また概要その他の刊行物によって、広く周知された。いまその復元家屋やその他の関係資料は、新たに設けられた県立博物館内に展示されている。

この発掘事業に関係した広島大学教授の松崎寿和氏は『草戸千軒―川の中に眠っていた中世の町をさぐる』（昭和四十三年）を著した。その中に「せっかくの中世の町の一角ではあったが、どうするすべもない。少しずつこの中世の町は姿を消してゆく。中州のとりこわし作業がなくても、消滅は時間の問題である」とあり、次第に失われゆく遺跡への感慨をもらしている。

また、福井市の一乗谷朝倉氏遺跡の調査も北陸地方の中世の大居館跡を明らかにしたことで意義深いものがあった。この遺跡は、一四七一（文明三）年、朝倉氏が拠点として五代にわたり続き、朝倉館を中心として「小京都」ともいわれ、越前文化を輝かしたところであった。一九七二（昭和四十七）年から福井県教育委員会によって調査が進められ、整備され復元の建物も設けられた。

また、東北地方では、青森県北津軽郡市浦村の安東氏が水軍の拠点として活動した十三湊《とさみなと》の地域にも次第に研究の視野が向けられた。

新しくは、平成十一年秋田県南秋田郡井川町洲崎遺跡で中世の大集落跡が明らかにされ「人魚供養札」と命名された特殊な信仰の一面を示す資料も発見された。二〇〇〇年の七月十七日付の東京新聞は、三重県久居市の上野遺跡で十五世紀ごろの集落跡が調査されたことを報じた。中・近世の考古学はいま江戸の研究にも関連して華やかになっている。

永峯光一・坂詰秀一編『江戸以前』『続江戸以前』（昭和五十六・五十七年・東京新聞出版局）、坂詰秀一編『江戸町の風光』（平成元年、名著出版）、藤本強『埋もれた江戸』（平成二年、平凡

社）も、その研究の一端をわかりやすく述べている。

九一――木簡の発見

木簡は、文字の書かれている木の札である。半世紀ほど以前の考古学関係の用語辞典には、この名称はあらわれていない。この種のものが、学界をにぎやかにしたのは、一九六一（昭和三十六）年一月に、奈良国立文化財研究所による平城宮跡発掘の第五次調査の際、内裏跡北域に当たる大膳職《だいぜんしき》推定地の「ごみ捨て場跡」とみなされるところから、土器や瓦などとまじって、四十余点が発見されたことからであった。そして、これが誘因となり、次第に全国の官衙跡などからも出土し、一躍、古代史や考古学の資料として重要視されたのであった。

しかし、これ以前から、その種のものは発見されていた。早く、一九二八（昭和三）年には、三重県桑名郡多度町の柚井《ゆい》遺跡から、鈴木敏雄氏によって「桜樹郷守部春人□□一斛」と読まれる長さ十九・九センチ幅二・四センチほどの木札が発見され「墨書のある札」として発表された。

また、一九三〇（昭和五）年十月には、秋田県仙北郡仙北町の払田《ほった》柵跡を調査した文部省史蹟調査嘱託の上田三平氏が、井泉跡の付近で発見し、これを『文部省史蹟精査報告』三の「払田柵阯・城輪柵阯」（昭和十三年）の中で報告した。この木簡については、「木札」という表現であったが、次のように判読される墨書があった。

「件糒請取　閏四月廿六日、寺寿生仙氏監」と。蝦夷征伐のために諸国の糒《ほしいい》を奥羽地方へ輸送したことは、『続日本紀』などにしばしば見えるところであるが、この文は、これを裏書きするものであった。

平城京跡の木簡検出の光景

しかし、木簡という名称は、平城宮跡の発見以来、定着し普及した。いわば、学術用語として、日本では、新語であったのである。この種のものに対して「簡」の名が用いられた中国の歴史は古い。本来、簡は、中国で文字を書写した狭長の竹片を意味するものであった。木簡は、その後、数多く発見され、しかも、その内容に多彩かつ豊潤のもののあることがわかった。ことに、年号のあるものは、遺跡の年代の一点を証拠づける重要な決め手ともなった。

そのほか、奈良県明日香村の伝飛鳥板蓋宮《でんあすかいたぶきのみや》推定地から「白髪部《しらかべ》五十戸」と記された付け札の木簡の一例が発見され、静岡市の神明原・元宮川遺跡からも「相星五十戸」とあるものが発見され、中央にせよ地方にせよ、五十戸一里制という制度についての、古代の確実な資料が得られた。

また、信仰に関するものとして「呪符木簡」といわれているものは、神道・仏教はもちろん、道教の思想のあったことを思わせるものがあり、人々の精神生活を考える上に重要なものがある。また、木簡の近世資料としては、昭和六十二年に大阪市東区（現中央区）高麗橋一丁目の大坂城関係の地域から約三千点の荷札関係のものが発見された。

なお、木簡学という名も提唱され木簡学会が設けられ、同会からは機関誌『木簡研究』が刊行されている。

第十章　ふるさと文化の輝き

九二——飛鳥の古文化の香り

奈良県の明日香村については、一九八〇（昭和五十五）年五月に「明日香村における歴史的風土の保存及び生活環境の整備等に関する特別措置法」という法律が公布されている。

この一条には「飛鳥地方の遺跡等の歴史的文化的遺産がその周囲の環境と一体をなして、我が国の律令国家体制が初めて形成された時代における政治及び文化の中心的な地域であったことをしのばせる歴史的風土が、明日香村の全域にわたって良好に維持されていることにかんがみ、かつ、その歴史的風土の保存が国民の我が国の歴史に対する認識を深めることに配意し、住民の理解と協力の下にこれを保存するため云々」とある。

飛鳥の地は、この条文にもあるように「歴史的風土」として、古代史や古代文化の上に重要な地域であり、日本国民の心のふるさとともいえる。したがって、その原点ともいうべき全域の古文化財の保存は、この土地が、多くの人々の生活の地でもあることにより深刻な意味をもっている。

二〇〇〇年は、この特別措置法の公布後二十年を経過した。あたかもこれを記念するように、亀形石造物の発見ともなった。三月五日に読売新聞は、社説として飛鳥の遺構を「歴史体験の場」と題して、歴史遺跡と開発との調和の問題や、子供たちに対する歴史体験の大切な教材であることを述べた。また、五月十七日付の朝日新聞は二十周年に当たるときを契機とし、重要遺跡の復元展示や工場など景観を損なっている施設の移転、古代の緑をつくる広葉樹林を復活させようとする新しい計画を提案した。

いずれも時宜を得たものであり、国民がひとしくこの飛鳥の地を注視していることを示すものでもあった。

推定板蓋宮跡

私は、一九五四（昭和二十九）年十二月に文化財保護委員会編の『季刊文化財』（一号）に「奈良を中心とした飛鳥・奈良時代遺跡の綜合調査について」と題する文を発表したことがある。この中で、飛鳥地方の遺跡の重要性をあげ、責任ある調査体制の必要さを述べた。その後の半世紀に近い時期の飛鳥地方の考古学上の成果には、まことに驚嘆すべきものがある。そして、その研究も著しく進展した。

奈良国立文化財研究所や県立橿原考古学研究所あるいは明日香村における調査の成果は、多くの報告書となって刊行され学界を裨益《ひえき》するとともに、この村出身の考古学者網干善教氏による『飛鳥の遺跡』（昭和五十三年、駸々堂出版）をはじめとして、直木孝次郎氏の『飛鳥―その光と影』（平成二年、吉川弘文館）、門脇禎二氏の新版『飛鳥―その古代史と風土―』（昭和五十二年、ＮＨＫブックス）、『飛鳥古京』（平成六年、吉川弘文館）、猪熊兼勝氏の『飛鳥の古墳を語る』（平成六年、吉川弘文館）、亀田博氏の『飛鳥の考古学』（平成十年、学生社）などの著書となった。

財団法人飛鳥保存財団による『明日香風』も一九八一（昭和五十六）年から刊行されている。飛鳥の地は二十一世紀を迎え、村民の協力のもとに飛躍しようとしている。

九三――古代出雲国への投射

出雲国（島根県）は、日本の古代史の上で、重厚な、そして豊潤な特殊な地位を占めている。『古事記』や『日本書紀』には、スサノオノミコトの神話をつたえ、『出雲国風土記』には、風土はもとより、数々の地名説話や伝承が華麗につづられている。

最近のニュースは、神話にゆかりが深く、古来厚く崇敬されていた出雲大社の神殿の特異な構造が明らかにされたことを伝えている。これも出雲国の古代史上の性格を示すものであろう。

近年における日本考古学界の視点は、この出雲国であった島根県に向けられた。それは、弥生時代における銅鐸・銅剣等の青銅器の多量の発見があったためである。この事実は、まさしく古代から伝わってきた神話伝承の重厚性を裏付けるものであった。

その第一報は、一九八四（昭和五十九）年七月―八月の簸川郡斐川町荒神谷での銅鐸六口、銅剣三百五十八本、銅鉾十六本の発見であった。この地に対し、農業事業整備に関連して、県教育委員会が七月に試掘したところ、銅剣が発見されたので、さらに、全面的な調査を行った結果、上下二段にわたって傾斜面があり、下段に長さ二・六メートル、幅一・五メートルぐらいの隅丸長方形に近い土坑があったが、そこに三百五十八本という大量の中細形の銅剣が一括して発見されたのであった。

その後、谷奥で、銅鐸六口と銅鉾十六本も検出された。弥生時代の特殊な遺跡として注目され、山陰地方の青銅器文化の在り方に重要な問題を提供した（島根県教育委員会『荒神谷遺跡銅剣発掘調査概要』昭和六十年）。

荒神谷遺跡

なお、これらの発見によって考えられる出雲国の占める特殊な文化圏の問題については、昭和六十一年に松本清張氏編による『銅剣・銅鐸・銅矛と出雲王国の時代』において広く学界や一般の人びとにも認識された。この中には、松本清張氏による「出雲の荒神谷遺跡から」、山本清氏「出雲荒神谷の青銅器大量出土をどう考えるか」、門脇禎二氏「原イヅモ国の周辺」、佐原真氏「出雲荒神谷の弥生青銅祭器」、水野正好氏「荒神谷青銅器群私見」その他の雄編より成っている。

一九九六（平成八）年十月には、大原郡加茂町岩倉遺跡で三十九口という銅鐸の大発見があった。これまで、一個所から最も多数出土したのは既に述べたように神戸市桜ケ丘であったが、これを超える多量の発見であった。しかもこれらの中には、神戸市桜ケ丘出土のものと同じ鋳型で作製されたもののあることもわかった。これも、農道工事中に偶然に発見され、県教育委員会が調査したものであった。

一九九七年六月、東京で「加茂岩倉遺跡と古代出雲」と題するシンポジウムが佐原真氏司会のもとに行われた。島根県教育委員会の勝部昭氏は「加茂岩倉遺跡の調査」と題して述べたが、一方『アサヒグラフ』にもとりあげられ、一九九七年十二月号には「銅鐸の谷―加茂岩倉遺跡と出雲」と題して、別冊特集号の刊行となった。

九四――北方文化と南方文化

日本の考古学の上で、とくに、北海道を中心とする北方文化と、沖縄諸島・奄美大島・屋久島・種子島等を含む南島文化とは、とかく閑却されがちである。

北海道や南の島々に育成された古文化は、たとえ本州の中枢の文化からは遠い土地に発達したとはいえ、いずれも、日本文化の中の重要な要素を構成したものであり、本州との文化の交流等にも、多くの研究課題が含まれている。これらの諸問題を追究することにより、日本古文化を正しく理解し、的確に把握することができる。

北方文化は、網走市モヨロ貝塚や、その周辺遺跡の出土土器に象徴されるオホーツク文化、あるいは小樽市周辺にある手宮洞穴やフゴッペ洞穴の壁面に刻された図象によって知られる大陸文化との関係など重要な課題をもっている。そして、擦文土器（擦文のほどこされた土器で八世紀ごろから発達した）を中心とした擦文文化が展開している。これについては、藤本強氏による『擦文文化』（昭和五十七年、教育社）にまとめられている。

フゴッペ洞穴（上）と仲泊遺跡

また、各地のストーンサークル（環状列石）は、本州の縄文時代の同種の遺跡研究の上に重要な関連をもち看過することはできず、さらにはアイヌ考古学の研究も期待される。これに関連しては、宇田川洋氏による『アイヌ考古学』（一九八〇年、教育社）が発表されたが、なお、今後にも大きい課題をもっている。このような北方文化につらなって東北地方の古代、蝦夷の研究も重要であり、早くから喜田貞吉・金田一京助をはじめとする研究があったが、新しく、工藤雅樹氏による『蝦夷と東北古代史』『古代蝦夷の考古学』『東北考古学・古代史学史』（平成十年）、『古代蝦夷』（平成十二年、いずれも吉川弘文館）などの一連の研究成果があった。

南方文化もまた重厚な研究がつづけられてきた。あたかも、平成四年一月から二月にわたり、東京国立博物館で、復帰二十周年記念として、「海上の道―沖縄の歴史と文化」と題する特別展が開かれた。また、木下尚子氏によって『南島貝文化の研究―貝の道の考古学』（法政大学出版部）が発表されたが、これは、貝輪、貝釧、貝符等により弥生時代以来、南島と九州・本州との交易問題を述べ、これらが日本古代国家の形成に役割をになっていることを述べたものであった。

沖縄は、新たに、各地に旧石器時代の文化の痕跡のあることが明らかにされ、中頭郡読谷村渡具知東原《とぐちあがりばる》では、九州の曽畑《そばた》式土器（熊本県宇土市曽畑貝塚出土の縄文時代前期後半の土器）も発見されて、高宮廣衛氏をして「青天の霹靂《へきれき》」の言葉となるような重要な問題をもたらした（『沖縄の先史遺跡と文化』平成六年、第一書房）。

国頭郡恩納村仲泊《なかどまり》遺跡で一九七四（昭和四十九）年に、海洋博覧会関連工事にあたり洞穴、貝塚が発見され、保存運動が活発化し、道路が迂回されて、史跡として保存されるに至ったことも、沖縄県民のふるさとの文化財への愛護の精神を語るものであった。調査あるいは保存への今後の一層の飛躍が期待される。

終章　二十一世紀への期待

九五――原人の姿への追求（「あとがき」の文参照）

中国の北京郊外、南西部へ五十キロ離れたところに周口店遺跡がある。この遺跡は、竜骨山といわれている山稜《さんりょう》にあるが、原人の居住した地である。原人は、猿人に続くもので、最古の人類といわれ、さらに旧人・新人へと進化する。

二〇〇〇年の四月には、中国の李鳴生氏らによる『尋我〝北京人〟』という本が、中国当代作家文庫の一冊として刊行され、広く読まれている。周口店遺跡は「北京原人」の名で世界の学界に周知されている。私は、この地に二回訪れた。最初のときは、初めて接する原人の遺跡に感激と興奮につつまれながら見学したのであったが、二度目のときは、山稜全体を遠方から観察したり、山中を一人ゆっくりと歩き回り、洞穴等に接したのであった。

また、かつて、インドネシアのジャワで原人の遺跡をまわった。このような旅の中で、つねに念頭にうかんだことは、日本にも、いつの日か原人の姿を求めることができるのでないかという期待であった。これは、日本の旧石器時代の前期への追求によって達成されるのである。

日本の旧石器時代への研究は、早くもマンローのような外国の学者によって注目されたが、ようやく一九四九（昭和二十四）年、群馬県岩宿遺跡の発見によって展開されたといってよい。それから半世紀における各地の発掘発見の成果には驚嘆すべきものがあり、後期・中期はもとより、前期への解明に、たくましく前進した。このような旧石器時代研究の盛況の一端は、二〇〇〇年の五月、旧石器文化談話会の編集によって『旧石器考古学辞典』（学生社）が刊行されたことでも知られる。前期については、新たに旧石器文化談話会の熱意により、宮城県上高森・座散乱木《ざざらぎ》遺跡の発見、あるいは北海道の総進不動坂遺跡等の調査により、その様相が次第に明らかになってきた。さらに、二〇〇〇年になっては、埼玉県秩父市小鹿坂《おがさか》遺跡において、地質学の上からみて、およそ五十万年前と考えられる人類の文化面の検出に成功し、使用された各種の旧石器も発見された。

竜骨山（上）と座散乱木遺跡

　しかも、去る七月二十九日の東京新聞のニュースによれば、秩父市長尾根遺跡で埋葬跡ともみられる遺構も知られたという。また、八月二日付の読売新聞は、まわりが小穴で囲まれていたことを報じた。二十一世紀への期待は、このような原人の化石人骨の発見であろう。これまで、日本の学者は、旧石器時代の化石人骨への発見にたくましい意欲を示した。直良信夫氏の兵庫県西八木海岸の「化石人骨」の発見もその夢を追ったものであり、松崎寿和氏等の広島県帝釈峡遺跡群の調査も

「あるいは」という期待感があった。

そして、静岡県三ケ日、浜北、愛知県の牛川、沖縄県の港川、下地原、山下町などにおける化石人骨の発見もあった。しかし、いずれも、その断片であった。もし、二十一世紀に、完全人骨あるいはこれに近い状態のまま発見されたならば、アジアの中の日本最古の人類の位置づけが明らかにされるであろう。一つの夢である。

九六——縄文人の心を求めて

縄文時代の研究は、過去百年、さらにさかのぼった重厚な歴史に飾られている。とくに、一九五〇年からの半世紀は、山内清男、八幡一郎、中谷治宇二郎、甲野勇諸氏ら東京帝国大学理学部人類学科出身の先学の活躍を中心とし、その後の多くの研究者の努力により、いちじるしく飛躍した。

そして、小林達雄氏により「縄文学」が提唱され、新進の研究者は「縄文セミナーの会」のグループのもとに縄文土器の細緻《さいち》な研究にとりくみ、その成果は『縄文土器論集』(平成十一年、六一書房)となった。新たに、青森市三内丸山遺跡その他の調査の成果は、従来の縄文文化観を著しく転換させた。集落の形態・生業・交易、あるいは技術、とくに木工技術の優秀さなど、

発掘当時の大湯環状列石

我々は、新たに縄文人の知恵を知ったのであった。

一方自然科学の進歩は、この時代の研究を一層新鮮かつ緻密なものにした。縄文時代の研究は、二十一世紀にますます豊潤な成果をあげるであろう。縄文学者の二十一世紀への夢は何であろうか。ある一人の若き研究者は、次のような回答を寄せた。

①湿地の遺跡からの埋没家屋の顕現②ミイラ化した縄文人の発見③水没した一集落の発見④縄文時代の遺跡からの青銅器の発見―をあげている。

私は、学問的な究明として、縄文人の精神生活が一層鮮明に浮きだされることにも一つの期待を寄せている。これは現代の日本人の原点にもなるからである。縄文人の精神生活の豊潤さは、既に、その草創期にもみられる。たとえば、愛媛県上浮穴郡美川村の上黒岩の岩蔭遺跡からは女性像線彫りの偏平礫《れき》石が発見されている。

ほかに各地から発見される岩偶・土偶・土版・岩版・石棒など、あるいは、蛇体把手付の土器、顔面把手付土器、人体文土器など、新しくは、去る八月二十八日の各新聞は、長野県茅野市の中ツ原遺跡で、縄文時代後期に属する逆三角形仮面を付けた大型土偶の発見を報じた。しかも、これは意識的に埋葬したものという。縄文人の複雑な祭祀・信仰形態をあらわすものである。

さて、縄文時代への新しい研究は、埋葬儀礼・墓地の経営の究明に向けられるべきであろう。これに関連し、秋田県鹿角市大湯環状列石をはじめとし、各地のいわゆるストーンサークルが新たに登場する。かつて、私は国の調査に関係したが、調査の結論として、二カ所のストーンサークルは、それぞれの集落によって経営された墓地であり、これらの中の特殊石組遺構は、その首長的な地位の特別な墓でないかという素朴な考えをもった。

その後の鹿角市教育委員会における多年にわたる継続調査と各地の類似遺跡の発見は、墓地に対する祭祀の在り方、あるいは集落との方位関係、夏至との天象関係などに新鋭な目が向けられてきた。私は、ストーンサークルに、縄文時代の複雑な精神生活を解く一つの鍵が隠されているような気がする。さらに、新しい展開が期待される。

九七――卑弥呼の金印

私の二十一世紀の夢の一つに、魏王が邪馬台国女王卑弥呼に下賜した印が、どこかで何人かによって発見されるのでないかということである。「魏志倭人伝」に、卑弥呼に印綬（ちなみに綬は印につけた組ひもである）を授けたという記事があるが、これは、中国古代の慣例の上からみても、かつ、既に後漢の光武帝が奴《な》国王に授けた金印が発見されている事実からみても疑う余地はない。

この印は、金印にちがいない。もし、これが九州の一角で発見されたなら、邪馬台国は、この地にあったことは決定されたとなる。もし、大和で発見されたら、これまた、大和にあったことは間違いないと思われるが、しかし、この場合、もと九州にあった金印が移動されたという慎重論も提出されるであろう。

「漢委奴國王」金印（実物大）

さて金印発見の夢物語は別としても、私は、第三八回の記事（第三章）で、箸墓《はしはか》が卑弥呼の墓と考えた先覚の説を紹介しつつ、私は、これについて別な考えをもっているとした。この考えをここに述べたい。

結論的にいうと、私は、箸墓は卑弥呼の墓でないと考えている。まず、箸墓の形態について述べると、前方後円墳で、前方部はすそ開きの特色をそなえているが、主軸の長さ二百八十メートルであり、体積は三十万立方メートル余にも算定されている

（石川昇『前方後円墳築造の研究』平成元年）。前方後円墳としては、崇神天皇陵・景行天皇陵に次ぐ驚くべきほど宏壮なものなのである。（崇神天皇陵については、私は一九五七年に「崇神天皇陵の研究」《『斎藤忠著作選集』３『古墳文化と壁画』、雄山閣に所収》を発表している）これが果たして卑弥呼の墓なのだろうか。否定するいくつかの点をあげると、次のようである。

① 箸墓はいわゆる原始的な壺形埴輪などの発見で三世紀中ごろと考えられているが、もっと下降するものとみなしてよい。遺物の場合、その伝統性も考慮すべきであり、また形態は、桜井市茶臼山古墳のような丘陵尾端を切断した前方後円墳よりも下降するという、椚国男氏の説のあるくらいであり、慎重に考慮しなければならない。

② 邪馬台国が魏に使いしたとき、その仲介になった帯方郡の大守の墓の場合、その一人の張撫夷の墓（朝鮮民主主義人民共和国にある。私も、かつて実見した）は、一辺三十メートル高さ五・五メートルぐらいの墳丘である。その属国視した邪馬台国の王の墓がこれに八倍もする大墳丘を築造することは考えられない。

③ 箸墓は、当時の葬墓制の上から、生前に造ったいわゆる寿墓（拙著『墳墓』昭和五十三年の中の寿墓寿陵参照）とみなされる。従って、卑弥呼の墓とすれば、その在世中につくられたはずであり「魏志倭人伝」に、そのことを全く触れていないことと矛盾する。

ちなみに「卑弥呼すでに死す」の次の文の「径百余歩　殉葬するもの百余人」は倭人伝の記録者のフィクションと私は考えている。したがって、これを前提として卑弥呼の墓を考証することは採るべきでない。

九八――三角縁神獣鏡の謎

最近「神の国」という言葉が世間をにぎわした。この表現を借りると、日本の四世紀前半を中心とした時期は、考古学の上から「鏡の国」であったといってよい。

「鏡の国」の本家はもとより中国である。しかし、中国にみられない三角縁神獣鏡をはじめとする多数の鏡の古墳からの出土例、日本の鏡作部の鋳造による家屋文鏡のような特殊なデザインの鏡など、まさに「鏡の国」の表現は的確であろう。試みに一古墳からの多数の発見例を見ても、京都府の大塚山古墳の三十六面以上、奈良県・宝塚古墳の三十六面及び破片五面分、佐味田新山古墳の三十四面、天神山古墳の二十三面と驚くべき数量のものが出土している。

しかも、鏡は、単なる粧具でなく、神聖な宝器、あるいは、権威のシンボルであり、新たに「威信財」のような言葉も用いられているくらいであり、このころの政治体制の研究にも重要な示唆をあたえている。まして、大阪府黄金塚古墳、鳥取県・神原神社古墳出土の景初三年銘、京都府広峯古墳群、宮崎県持田古墳群出土の景初四年（景初は魏の年号で、三年は西暦二三九年にあたる。ただし、三年で終わっている）などは、あたかも卑弥呼が魏に使いし、鏡百枚が下賜された記事と、年次が合致していることにより、問題を提供している。

景初三年銘神獣鏡（大阪府黄金塚）

最近は、平成十年に奈良県・黒塚古墳から、三十三面発見されて、大きいニュースとなった。この場合、他に一面、画文帯神獣鏡が発見された。ちなみに、この一面のみ棺内にあったことは、これらの鏡に対する取り扱い方に差があったことを示唆させる。新たに、二〇〇〇年八月三十一日の東京新聞は、福井市花野台一号墳から弥生時代の連弧文銘帯鏡と三角縁神獣鏡とが一面ずつ出土したことを報じた。これもまた被葬者や関係者の鏡に対する取り扱いを示唆するものであろう。このように、日本で多数発見されている三角縁神獣鏡は、中国に一面もないのである。そのため、諸見解が活発に発表されている。

たとえば、中国の魏王が特別に贈答品として鋳造したとする説（田中琢氏）、中国の工人が日本で作ったとする説（王仲殊氏・森浩一氏説）があり、王仲殊氏の中国工人ことに呉（魏・呉・蜀の三国の一）の工人説に関連し、日本で発見される多くの神獣鏡等は呉鏡の影響を受けたとする説（孔祥呈氏等）や、王仲殊氏の説を否定し、魏から船載され、しかも、威信財として卑弥呼を後見し、魏王朝の権威がこめられていたとする説（近藤喬一氏）、さらに、これらのほとんどは、踏み返しの技術によった国産品とする説（安本美典氏）などがある。

新たに、西川寿勝氏の研究がある。氏は一九九九年に、日本考古学協会発行の『日本考古学』

（八）に「三角縁神獣鏡と卑弥呼の鏡」を発表し、つづいて二〇〇〇年六月には、『三角縁神獣鏡と卑弥呼の鏡』（学生社）と題して刊行した。帯方郡との密接な関係を述べたことは評価すべきであろう。

二十一世紀には、この問題は、進展するだろう。それにしても日本で三角縁神獣鏡の鋳造工房のいくつかが、どこかで発見されないだろうか。これは異説のいくつかを解決する一つの鍵となる。

九九——幻の石碑を求めて

二十世紀の後半の考古学上の大きい成果の一つに、木簡・墨書土器の発見とその研究とがある。新しい世紀にどのような内容の木簡が発見されるかに期待も寄せられる。

この種のものは「文字資料」といわれているが、古代における「文字資料」として、早くから知られ、その研究にも重厚な歴史をもつものに、金石文があり、この中には、群馬県の上野三碑（多胡碑、山ノ上碑、金井沢碑）のような資料も含まれる。この種の金石文資料の中で、私が二十一世紀の発見に期待をもつ幻の石碑がある。これは「伊予国道後温泉碑」として、古文献に記されているものである。

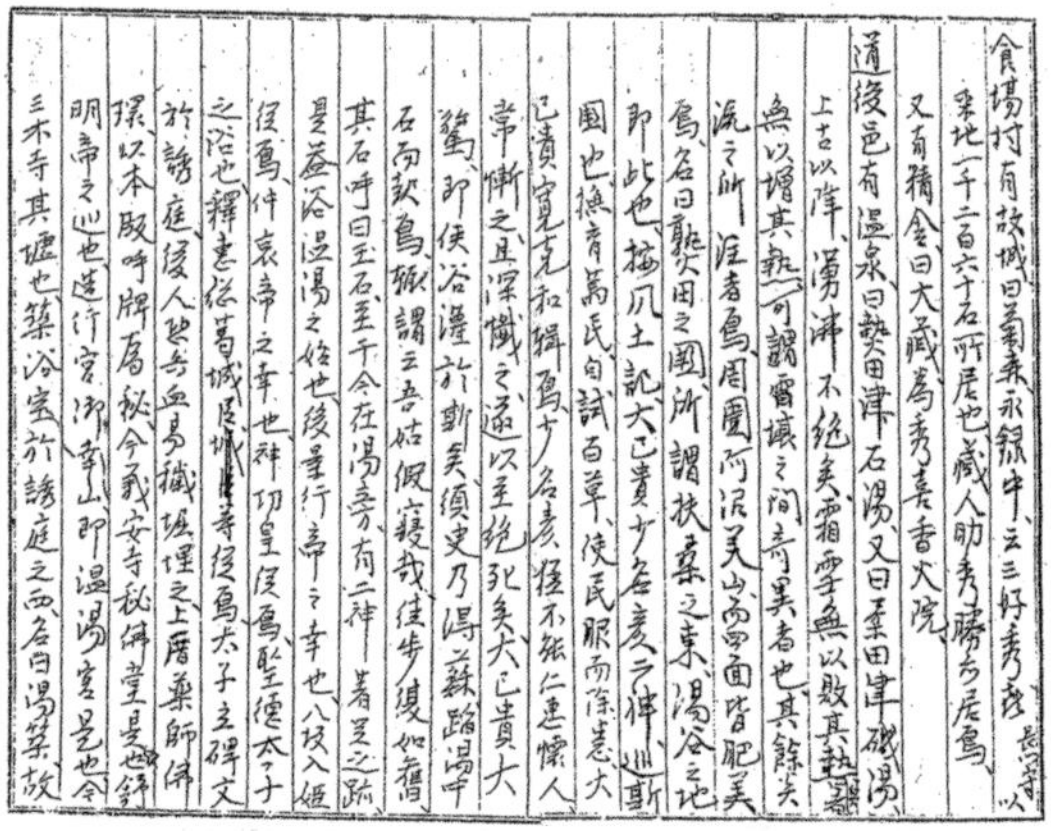

『伊予古蹟志』

碑の文は、日本の古碑の中で最古のものであり、かつその内容も聖徳太子が道後温泉に出遊されたことを明確に示すものであり、この旅には高句麗の高僧恵慈を同行させていることによって当時の国際性と仏教界の一端をも語っている重要なものである。しかし『釈日本紀』巻十四述義十のところの「伊予国風土記」に載せられているだけで、実物は亡失している。

この風土記に紹介されている碑文には「惟《おも》うに、夫《そ》れ、日月は上に照りて私せず。神の井は下に出でて給へずということなし」にはじまり、「才拙《つたな》くして、実に七歩をはづ。後出の君子、ねがわくはあざ咲ひそ」に終わる格調高い漢文である。ところが、この石碑は、早くから失われている。藤貞幹の『好古小録』にも、「今伝ハラズ。惜シムベシ」といっており、江戸時代にも、その亡失が残念がられていた。

しかし、その発見に関する情報も伝えられていた。一八二九（文政十二）年刊行された橘南谿の『北窓瑣談』には、三十数年前に、この碑は道後温泉の付近の畑から掘り出されたが、濁り水も湧き出したので、温泉に影響があることを恐れて、そのまま埋めたという伝えのあった記事をのせ、これは、大変残念なことであったと周辺の人々が語り合ったと記している。

ところが、地元の『伊予古蹟志』には、その所在を示す重要な文が記されているのである。この本は伊予（愛媛県）の松山藩士で、藩内の歴史や地誌に詳しく、漢学者として知られていた野田石陽（一七七六—一八二七年）の著したもので、この石碑について、次のように説明した。

「後人兵血に穢され易きを恐れて掘りて之を埋め、上に薬師仏をおきて環らす。本版を以て牌を呼んで碑と為す。今義安寺の秘仏堂是なり」（原文は漢文）と。これによれば、この碑は、再び掘り出され、兵乱などにより汚損されることを心配して埋め、その上に薬師仏を安置し、これが義安寺の秘仏堂であるというのである。

この記述は確実な情報によったものとみられる。もし、そうならば、この石碑は、この秘仏堂下に千古の眠りを続けているわけである。この眠りが覚めたら、二十一世紀の大発見である。私の夢の一つでもある。ちなみに、この碑文については、黒板勝美『伊予道後温泉碑文について』（虚心文集四、昭和十五年、吉川弘文館）がある。

一〇〇——自然科学の導入

二十世紀、ことにその後半期における考古学の発達の中で特筆すべきことは、自然科学の導入であった。自然科学のあらゆる部門の著しい飛躍は、考古学にも大きい影響をもたらしたのである。それは、研究の内容に対してはもとより、研究方法、発掘調査、遺物の整理あるいは保存・情報等に及ぼされている。

これまで述べてきた記事の中でも、たとえば鉄剣の辛亥銘の発見も自然科学の力によった。亀虎（キトラ）古墳の壁画の発見は、NHKの開発した光ファイバーによるものであった。二十一世紀は、考古学の研究に、さらに大きい力を発揮することであろう。そして、これによって、考古学も大きい転換期を迎えるにちがいない。

さて、自然科学の中で、日本の考古学研究に早く影響をあたえたものの一例に放射性炭素による年代測定があった。これは一九四七年から一九五〇年に至るころ開発され、日本の縄文時代にも応用され、考古学上の年代決定に革命をもたらした。

その後、新たに名古屋大学では、中村俊夫、中井信之、大石昭二諸氏による加速器質量分析法（A・M方法）による放射性炭素年代（「放射器」一三―一、一九八六年）の研究により一層前進した。

また年代の測定は、年輪による研究法の開発により大きな成果をあげた。火山灰考古学は火山灰の研究により、とくに旧石器時代の年代推定に大きく寄与した。地震考古学も提唱され、縄文時代・弥生時代の一集落における地震跡、古墳とその周辺における地震跡等の研究により、新しい問題を提供した。

清水市・古窯跡の型取り工事（施行前（左）と皿型の作製、「研究所報」86より）

そのほか鉛同位体比による青銅器原料産地の研究、残留脂肪酸による石器産地の研究などめざましいものがある。

一方、遺跡の探査法として、電気探査法、磁器探査法、地中レーダー探査法、電磁誘導探査法、定常波探査法などが進歩した（「埋蔵文化財ニュース」七一、一九九一年）。

二〇〇〇年の一月、財団法人静岡県埋蔵文化財調査研究所は、第二東名道建設工事に先立って、磐田郡豊岡村西の谷で銅鐸を検出させた。従来の偶然の発見によるものでなく、あらかじめ、このような物理学的な探査により、地中に納められている銅鐸の所在をつきとめ、計画的な調査を行う学術調査であった。これも、自然科学の力に負うものであった。また、保存科学の飛躍は遺跡遺物の保存に大きい革命をもたらした。同研究所では、清水市東山田の古窯跡群の再転写工法による遺構の型取り保存に成功した。これは、「窯跡表面の土壌を変性ウレタン樹脂を使用して二〜三センチの厚さで薄く剥ぎ取り、レプリカの本体となるエポキシ樹脂に剥ぎ取った土壌を再転写する」という方法である。

二十一世紀の自然科学の発達は、さらに一層考古学のあらゆる面にわたって寄与することであろう。しかし、これにより過去一世紀にわたり、先輩達によって築かれた考古学の本来の使命すなわち遺跡・遺物そのものへの着実な研究の在り方が正しく理解されず、「自然科学の中の考古学」になることを憂えるものである。

補章　海外考古学と日本

一〇一——日本考古学者の海外での活動

二十世紀の前半のころまでの日本の学者の海外調査には、政治的な背景のものもあった。しかし、その後半においては、ひたすら学問の世界の中で、それぞれの国の学者と提携しつつ、あるいは、シンポジウムに、あるいは発掘調査に、あるいは文化財の保護に力をつくした。

奈良県天理大学内に事務所のある朝鮮学会は、二〇〇〇年創立五十周年を迎え、記念出版が同年刊行された。東京外国語大学に事務所のある東南アジア考古学会も機関誌として、『東南アジア考古学』及び『東南アジア考古学会会報』を刊行している。京都の華頂短期大学博物館学研究室に事務所のある日本環太平洋学会は、『環太平洋文化』を刊行し、活躍を続けている。

東京には、亜細亜大学アジア研究所があり、紀要を発行している。また、財団法人中近東文化センターがあり、着実な研究が進められている。

一方、海外に施設をつくり、その国の全面的な協力のもとに、すぐれた調査を続けている機関もある。たとえば、京都にある財団法人古代学協会は、イタリアのポンペイ市に西方古典文化研究所（略称ポンペイ研究所）を設け、ポンペイ遺跡の発掘調査や研究をはじめとする事業を行っている。

このような傾向の中にあって、多くの、日本の学者は、たくましく海外の調査をもつづけている。一九九七年十・十一月に東京の古代オリエント博物館で、海外発掘展が開かれ、その活動を紹介しているが、これには、戦後の発掘の始まりとして、東京大学のイラク・イラン遺跡の調査、日本オリエント学会の西アジア遺跡発掘調査、国士舘大学のイラク調査などの多彩な事業をも紹介している。

インドネシアのボロブドール（上は旧状）

また、早稲田大学の吉村作治氏を中心とする、エジプトの調査にも、めざましいものがある。日本の仏教文化と直接関係の深いものとしては、立正大学の中村瑞隆・坂詰秀一諸氏を中心とした、ネパール仏教遺跡の調査（その成果は『釈迦の故城を探る』＝平成十二年、雄山閣＝にわかりやすく述べられている）があった。なお二〇〇〇年十二月には本報告『ティラウラコット』の本文編が刊行された。

関西大学でも、同大学創立百周年記念事業として網干善教氏等によるインドのサヘートト遺跡（祇園精舎跡）の発掘が行なわれた。網干善教氏は、昭和六十二年四月十日付の毎日新聞に「伝祇園精舎跡地第一次発掘調査を終えて」の文を載せているが「祇園精舎の推定地は、南北約四百メートル、東西約二百五十メートルほどある。今回は南端に近い未調査地、地点に南北長さ五十メートル、幅十メートルと一部西十メートル拡張して試掘を行った」と述べている。なお、大正大学と朝鮮民主主義人民共和国社会科学院の共同による寺院の発掘は、のちに述べる（補章一〇三）。

ほかに、インドネシアのボロブドール仏教建築遺構に対しては、その修理保存事業に、千原大五郎氏が、専門の建築学の立場から協力し、その完成に力をつくしたことも記憶されるべきであろう。氏は故人となった。氏と交誼をつづけてきた私は、ここに氏を追慕するものである。

一〇二――韓国の前方後円墳

韓国における考古学の研究は、この半世紀の間に著しく進展した。一方、文化遺産の保存にも積極的な意欲を示している。

この国の考古学の概略を知るには、韓国考古学界の第一人者であった金元龍氏の『韓国考古学概説』（一九八四年、六興出版）がある。翻訳者は西谷正氏で、広く読まれた。二〇〇〇年の七月には早乙女雅博氏による『朝鮮半島の考古学』（同成社）も刊行され、また、九月刊行の『考古学ジャーナル』（四六二）の鄭漢徳氏の「一九九九年朝鮮半島の動向（上）」も、最も新しい情

長鼓山

報の発表であった。なお、東京にある財団法人韓国文化研究振興財団が、在日の学者の韓国研究や出版に対して補助し、研究を援助して、二〇〇〇年に十周年を迎えたことも特筆すべきであろう。

韓国と日本との学者の交流の親密さは、シンポジウムの開催によっても、その一端がうかがわれる。たとえば、二〇〇〇年の七月には、釜山市の東亜大学校で「考古学から見た弁・辰韓と倭」と題するものが、日韓合同により行われ、紀元一—三世紀ごろの韓国と日本との関係が論議された。日本からも多くの学者が参加した。一九九九年の十月には、ソウル市世宗文化会館で、第五回高句麗学術大会が行われ、日本からは考古学関係で、小田富士雄氏による「日本の朝鮮式山城の調査と成果」の発表があった。また、十一月二十四日には、東京で財団法人朝鮮奨学会主催による「古代史シンポジウム」が開かれた。韓国における近年の考古学上の成果には、旧石器時代から新羅時代に至るまで、絢爛《けんらん》たるものがあるが、私が幾回か訪れて印象の深く刻みつけられたものは公州武寧王陵の発見、扶余の金銅製竜鳳蓬莱山香爐の調査、慶州皇竜寺跡の発掘と整備などであった。

最近における韓国の数多い発掘事例の中で、日本の考古学にも関係があるものとして、七月に慶尚南道固城郡固城邑松鶴洞一・二号墳の発掘があった。この古墳は、姜仁求氏によって、前方後円墳と考定されていたことにより、日本の学界も注視していたものである。私は、この発掘現場を見る機会はなかったが、江坂輝弥氏は現地を訪れた。氏によれば、円墳の復合であり、前方後円墳でないことが明らかにされたという。また、その後、現地を見られた渡辺誠氏の知らせによると、一円墳には横穴式石室、他円墳には竪穴式石室群があったという。

韓国に前方後円墳のある説は、一九八五年十二月全羅南道海南郡北日面の長鼓山に対し、姜仁求氏によって発表されたことにはじまる。このことは、大きくマスコミにもとりあげられたが、私は、現地にのぞみ自然丘陵であるとなし、これを、朝日新聞八六年四月八日に発表し、つづいて『考古学ジャーナル』（二六二）にも「韓国の長鼓山を前方後円墳とする説に対して」と題して発表した。韓国の前方後円墳説は、今回の発掘成果を反省して、慎重に再検討しなければならない。

私は、もし類似のものがあったとしても、これを「前方後円型古墳」となし、日本の前方後円墳と一線を画して研究をなすことを願うものである。ちなみに、二〇〇〇年の十月には、朝鮮学会の大会で、この種の古墳について研究発表もあるという。その結果に期待したい。

一〇三――北朝鮮の霊通寺跡

私は、高松塚古墳の項（第八章八三）の中に、会議のため出席した朝鮮民主主義人民共和国（北朝鮮）の学者は、日本に来るまで一週間ついやしたことを述べた。北朝鮮は日本に最も近い国の一つでありながら、今なお遠い国になっている。したがって、この国の考古学界の情報は、韓国と異なり、日本にはあまり知られていない。

この国は、旧石器時代にさかのぼる歴史があり、ことに支石墓（ドルメン）においては、特殊な発達があった。高句麗の壁画古墳においても、東アジアの中で異彩を放っている。山城跡もまた雄大である。寺院跡も、八角の基壇をもつ高層木塔の存在を考えさせるものなど特異なものがある、

高麗時代にあっては、宮殿跡・寺院跡などに、はなやかな文化をしのばせるものがある。遺跡の調査や保存にも積極的である。なお、これらの調査に対しては、社会科学院の考古学研究所が管掌している。

さて、私は、近年、しばしば、この国を訪れ、遺跡を見学し調査する機会にめぐまれた。第一回の一九八七年に次いで、第二回は九五年十一月で、私一人だけで社会科学院の招待によるものであったが、関係者のあたたか

霊通寺跡

いもてなしに支えられて、各地の遺跡を回り、その成果は『北朝鮮考古学の新発見』（九六年、雄山閣）として発表した。

九八年からは、社会科学院考古学研究所と大正大学との共同による霊通寺跡の発掘調査のため参加し、九九年は五、七、十月の三次にわたって訪れ、考古学研究所の所長・副所長とともに、その指導にあたった。この間、在日本朝鮮歴史考古学協会会長全浩天氏も協力された。

この寺は、開城市の北東十余キロの山間にあるもので、十二世紀のころを中心として法灯がかがやいており、ことに、高麗の名僧義天（大覚国師）が住職となっていた時期もあることにより、広く知られている。現在寺跡として草叢の中に残されているが、大覚国師の碑や、三基の石塔や一基の幢干《どうかん》支柱が立ち、在りし日の面影を伝えている。

発掘により、建物跡や、大覚国師の墓廟跡までも明らかにされ、成果をあげた。いずれ、その報告書も刊行される予定であるが、ここでは、この発掘に参加して知った調査隊のマナーの一、二を紹介したい。

調査隊は、社会科学院に専属した青年たちで、不自由なテント生活を続けながら熱心に仕事を続けた。ことに、休憩や昼食のため、ひきあげるときには、手にもっていた鍬などは必ず一定の個所にきちんとそろえていた。ある仕事に取り組んだときは、休憩や昼休みの時間を返上しても、これをやりとげた。

私は、発掘隊の中の日本語のわかる一青年と語った。彼は、朝鮮半島の仏像の研究に意欲を燃やしていた。しかし、韓国刊行の近年の関係本などは、ほとんど読んでいなかった。私は、自由に韓国の研究書を読み、のびのびと半島全土の仏像を研究できる機会の早く到来することを心に願ったのであった。

一〇四――中国青州の仏像群

私は、二〇〇〇年八月十九日に東京を出発し、大連・旅順・青島をへて、二十五日に、中国山東省の青州にある竜興寺跡に立った。これは、一九八六年から私が団長となって、毎年行われている中国古跡への旅の一環であった。この竜興寺跡訪問の一つの目的は、この寺が円仁（慈覚大師）とゆかりがあったためである。

円仁は八四〇（日本承和七、中国開成五）年の三月二十一日に、五台山に至る途中、この寺に宿泊している。『入唐求法巡礼行記』に、「青州竜興寺に到って宿す」とある。私は、この寺跡を踏んで、在りし日の円仁の姿をしのびたかったからである。

その二は、一九九六年十月、この寺の穴ぐらの遺構の中に多数の仏像が納められていたことが明らかにされており、まさに、近年の中国考古学界の誇るべき大発見の一つであったからである。一考古学徒として、これらの仏像を、早く見たかったし、また直接、その遺構に立ちたかったからであった。

さて、広大な土地を有し重厚な歴史をもっている中国における考古学界は、まことに豊潤なものがある。第九五回に述べた周口店の旧石器時代の遺跡、第四回に述べた敦煌石窟の文書の発見など、その一片鱗に過ぎない。しかも、日本の古文化の源流のある国でもある。日本の考古学に関心をいだく人々は、つねに中国の考古学界の動向を把握し、遺跡遺物を注視しなければならない。

私も、微力ながら、最近『中国天台山諸寺院の研究』『中国五台山竹林寺の研究』『石窟寺院の研究』（いずれも第一書房）をまとめることが出来た。そして、いま、中国の仏塔を中心とした研究に取り組んでいる。中国のすばらしく優秀な文化遺産に感嘆し、そして魅せられているからである。

竜興寺跡

竜興寺跡のそばに、偶然にも設けられていた青州市博物館には、広い二室を利用して、出土した仏像が陳列されていた。これらの仏像は、とくに石灰岩を利用したものが多く、約四百尊もあった。中には、北魏永安二（五二九）年や、北宋の天聖四（一〇二六）年の年号のあるものもあり、この間約五百年にわたるものであることが知られる。

とくに、北魏の仏像は、光背をつけ、一メートル余に達するものもあり、その形容のすばらしさは、まことに感嘆すべきものがあった。二〇〇〇年十月二十四日から、東京国立博物館で開かれる「中国国宝展」には、その一部が陳列される予定で室内には見られなかった。また、他の一室には、これらの破片など、所狭しと並べられていた。寺跡は、広々とした草叢《くさむら》の地になっている。期待していた建物跡も礎石も残されていなかった。仏像の埋納されていた穴ぐらは、その敷地の西北隅にあったが、埋められていた。私は、ふと思った。一考古学徒として、自らの手で、あのくらいのすばらしい大仏像を検出してみたいものだと。そして六十五年ほど前、韓国の扶余の軍守里廃寺跡の塔の心礎のある土坑で二体の百済仏を自らの手で取り出した遠い過去の記憶がよみがえったのであった。なお二〇〇〇年五月に刊行された中国の『文物』には、石仏に関する論文が発表された。

一〇五――完結に当たって

五月二十九日、第一回の「古物学と考古学」にはじまった「日本考古学の百年」も、ここに終章までの百回と補章の五回をもって終わった。この間、多くの方々からご支援ご鞭撻《べんたつ》をいただいた。

学史の研究で知られている平井尚志氏からは、「毎晩楽しく読み勉強させて頂いています」の

完成した県史の前で（右　松形祐堯宮崎県知事、左　筆者）

はがきを寄せられた。平泉中尊寺のこと（六二回）を読んだ百歳の長老で、私の大学時代の「建築史」の恩師である藤島亥治郎氏も思い出の書簡を寄せられた。「高校生のクラブ活動」（六一回）を読んだ椚国雄氏からは、高校生のクラブ活動までとりあげたことについて「嬉しくありがたく思いました」の文をいただいた。

　また八月十三日の東京新聞（中日新聞東京本社発行）のひろば欄に、千葉市の小池文子さんが、後藤守一の本のことを書いた記事を読まれて、なつかしむ文を載せられた。ここに、愛読していただいた方々に御礼を申しあげたい。

　二十世紀も、三カ月で幕を閉じようとしている。私は、最後にペンを置くにあたり、あらためて、この世紀、ことに後半の半世紀からの考古学界の発達について整理し、次の十五項を列挙したい。

1　研究の精密化、多様化
2　研究への自然科学の導入（一〇〇回参照）
3　研究書や一般的な関係図書の増加
4　研究者及び文化財業務担当者の激増

5　埋蔵文化財調査機関の増加
6　大型・長期の発掘事業の展開
7　報告書の増加とその内容の膨大化
8　県・市・町・村史の刊行の増加と考古学資料の掲載
9　マスコミの情報の活発と考古学愛好者の増加
10　海外の調査等の積極性
11　シンポジウム・現地説明会などの増加
12　遺跡の観光資源としての活用の増加
13　考古学に関係する博物館及び関係施設の増加
14　博物館及び関係施設における考古学関係の特別展の活発化
15　関係学会の創立及びその機関誌発行の増加

以上であるが、その中の、8の県・市・町・村史の刊行に触れたい。

この事業は、現在各地で活発に行われており、それには考古学の資料も整理されていて学界を裨益《ひえき》している。この中でもことに、宮崎県史は、二〇〇〇年三月をもって十六年間にわたる事業が終了した。私は、当初から専門委員長として、多くの専門委員の協力のもとに、全三十一巻三十二冊の刊行に関係したのであったが、中に「前方後円墳集成」をも含めた。その完成への成功は、一貫した松形祐堯知事の配慮と県史編さん室と専門委員の美しい協調があったことによる。

いま、二十一世紀への溌剌《はつらつ》とした羽ばたきの音も近づいている。世界の学者、アジアの考古学界と互いに手をむすびあい、さらに、一層のかがやかしい前進を期待するものである。

あとがき

はじめに、私は、「旧石器ねつ造事件」に関連し、私の連載した記事の一回分のものについて触れたい。それは、二〇〇〇年九月十八日に、「原人の姿への追求」と題した文を発表したことである。この一文については、今回刊行の本には、これを撤回して、別な文に改めようとも考えたのであったが、この時点における記録として、そのまま掲載しておくことにも一つの意味があると考え、そのまま二四〇頁から二四二頁にわたって再録した次第である。

私は、この文の中に、二十一世紀の夢として日本で原人の姿が明らかにされることに期待をいだき、七月二十九日の新聞のニュースによる埼玉県秩父市小鹿坂遺跡等を紹介し、また、宮城県の国指定史跡座散乱木遺跡の写真も掲載したのであった。ところが十一月五日に「旧石器ねつ造事件」が発表され、これらについても疑問がいだかれるようになった。私はここに、これらをとりあげたことにおわびしたい。

さて、この事件は、学界はもとより、社会に大きい衝撃をもたらした。本書の第六章の「岩宿遺跡」の項にも述べたように、一青年の真摯な熱意によって明らかにされた旧石器の研究は、その後、多くの研究者の努力によって、たくましく前進しつづけてきたのであったが、その研究が一個人の汚された「神の手」により、後退してしまったのである。私は、二十世紀の最後を飾る考古学上の大発見にひそかな期待を寄せていたのであったが、この不祥事件が、はからずも二十世紀の幕引きになったことを残念に思う次第である。なお、私は、十一月九日に東京新聞の夕刊（中日新聞は十日）に「旧石器発掘ねつ造事件に思う」の文を発表したが、終わりに次の文でむすんだ。

私は念じたい。これを一つの警告として、すなおに受け止め、この分野の研究者たちが、学閥とかいわゆる「縄張り根性」を捨てて、一致協力し、新しい目標に向かって前進してゆかれることを。

二十一世紀の三月、この事件の波及は、九州の大分県にも達した。そして、すぐれた考古学者賀川光夫氏の不幸な死となった。三月十日の朝、私はこのニュースを知った時、愕然とし悲痛の叫びをあげた。私とはながい交誼がつづけられた親しい友であり、立派な人格者であった。

ここに、この事件の犠牲者ともなった亡き氏のご冥福を祈るものである。

「あとがき」の文が、このような記事を中心としてしまったが、早くも、二十一世紀は、躍進しつつある。やがて、二十一世紀が終わりに近づいた頃、はるかのさきの遠い未知の何人かによって、「二十一世紀の百年」の考古学界の動向がつづられるかもしれない。私はこのささやかなる一冊の本が、その参考書の一冊として、バトンタッチされることを念願するものである。

斎藤　忠（さいとう・ただし）

明治四十一年八月二十八日、宮城県仙台市生まれ。東京帝国大学文学部国史学科（昭和七年）卒業。文学博士（昭和三十年）。昭和七年京大助手、九年慶州博物館長、三十四年文化財調査官等を経て、四十年東大教授に就任、四十五年大正大教授。また、稲荷山古墳発掘団長もつとめた。（財）静岡県埋蔵文化財調査研究所長、飛鳥保存財団理事、大正大学名誉教授。著書に『日本古代遺跡の研究』（全四巻）、『新羅文化論攷』『日本装飾古墳の研究』『日本考古学史』『墳墓』『日本金石文資料集成』『古典と考古学』『日本考古学用語辞典』『斎藤忠著作選集』（全六巻）などがある。

日本考古学の百年

2001年6月21日　初版発行

著　　者　斎藤　忠
発 行 者　神谷　紀一郎
発 行 所　東京新聞出版局
〒108-8010
東京都港区港南2-3-13
中日新聞東京本社
振替口座　00150-0-5497
電　　話　［編集部］03-3740-2673
［業務部］03-3740-2674（直通）
FAX　03-3458-0689

印刷・製本　図書印刷株式会社

ISBN4-8083-0737-5 C0030